《医师执业风险法律防控体系研究》一书为安徽高校人文社会科学研究重点项目（SK2017A0211）"安徽省医师执业风险法律防控体系研究——以法院判例分析为视角"（SK2017A0211）和皖南医学院博士科研启动资金资助项目。

| 光明社科文库 |

医师执业风险
法律防控体系研究

汪　枫◎著

光明日报出版社

图书在版编目（CIP）数据

医师执业风险法律防控体系研究 / 汪枫著. --北京：
光明日报出版社，2020.6

ISBN 978－7－5194－5811－9

Ⅰ.①医… Ⅱ.①汪… Ⅲ.①医药卫生管理—法规—
研究—中国 Ⅳ.①D922.164

中国版本图书馆 CIP 数据核字（2020）第 102276 号

医师执业风险法律防控体系研究

YISHI ZHIYE FENGXIAN FALYU FANGKONG TIXI YANJIU

著　者：汪　枫	
责任编辑：郭思齐	责任校对：刘浩平
封面设计：中联学林	特约编辑：张　山
责任印制：曹　净	

出版发行：光明日报出版社

地　　址：北京市西城区永安路 106 号，100050

电　　话：010-63139890（咨询），010-63131930（邮购）

传　　真：010－63131930

网　　址：http：//book. gmw. cn

E － mail：guosiqi@ gmw. cn

法律顾问：北京德恒律师事务所龚柳方律师

印　　刷：三河市华东印刷有限公司

装　　订：三河市华东印刷有限公司

本书如有破损、缺页、装订错误，请与本社联系调换，电话：010-63131930

开　　本：170mm×240mm

字　　数：158 千字　　　　印　　张：14.5

版　　次：2020 年 6 月第 1 版　　　印　　次：2020 年 6 月第 1 次印刷

书　　号：ISBN 978－7－5194－5811－9

定　　价：89.00 元

目　录
CONTENTS

第一章

绪　论

一、研究原因

健康是人类社会发展的核心和追求，是经济社会可持续发展的源泉和动力，也是促进人的全面发展的必然要求。健康是公民的基本权利，维护公民的基本健康是每个国家政府的基本责任和使命。人民健康是民族昌盛和国家富强的重要标志。没有全民健康，就没有全面小康。推进健康中国建设是实现中华民族伟大复兴中国梦的必然要求，具有重大而深远的意义。

党的十八大以来，以习近平同志为核心的党中央坚持以人民为中心的发展理念，高度重视医疗卫生事业建设。党的十八届五中全会明确提出，推进健康中国建设，深化医药卫生体制改革。习近平总书记在党的十九大报告中强调指出："要完善国民健康政策，为人民群众提供全方位全周期健康服务。深化医药卫生体制改革，全面建立中国特色基本医疗卫生制度、医疗保障制度和优质高效的医疗卫生服务体系，健全现代医院管理制度。"这为新时代健康中国建设指明了发展方向、提供了根本遵循。医疗卫生事业与广大人民群众的日常生活息息相关，医患关系的和谐是构建中国和谐社会的重要内容。

由于中国和西方法治发达国家在文化、法律、经济及医疗管理制度等方面的较大差别，特别是在当代中国社会经济环境下，我国医患关系的内涵与国外存在明显差异。从字面理解，医患关系就是医方与患方的关系。但什么是医？什么是患？他们之间什么样的交往属于医患关系的内容？由于其涉及的领域广泛，不同研究领域、不同角度对医患关系的概念有一定的差异。著名医学史家亨利·西格里斯认为，医学的目的是社会的，它的目的不仅在治疗疾病，使某个机体康复；它的目的是使人康复后得以适应他的环境，做一个有用的社会成员。每一种医学活动始终涉及两类当事人：医师和病员，或者更广泛地说，是医学团体和社会，医学无非是这两群人之间多方面的关系。① 在我国，狭义的"医"指医疗机构中的医务人员，广义的"医"指全体医务工作者、卫生管理人员及医疗卫生机构，甚至还包括医学教育工作者。"患"的含义在狭义上是指患者和家属亲友及相关利益人，而广义上则指除"医"以外的社会人群。② 当今社会，毫不夸张地说，人生从医院里来，死从医院里走，几乎所有的人都免不了和医院、医生打交道，所以医患关系是最基础、最基本、最重要的社会关系之一。然而，一段时间以来，我国的医患关系达到了空前紧张的程度，各种伤医、杀医事件层出不穷，而且有愈演愈烈之势。同时，医闹现象也十分突出，甚至出现了职业医闹。因医患矛盾而导致的涉讼、涉访案件频发，医患矛盾已成为当代中

---

① 黄丁全. 医事法［M］. 北京：中国政法大学出版社，2003：227.
② 王锦帆，尹梅主编. 医患沟通［M］. 北京：人民卫生出版社，2013：1.

国社会的重要矛盾之一。

由于医生社会地位的崇高性，在较长的历史时期内，医患关系局限于社会学和伦理学的考察范围，医疗行业仅仅受到伦理道德的约束，医生和医疗机构免受法律制度和法律责任的约束，在法国将这种观念称为"法律不入医界"。① 但是，随着人权思想的逐渐成熟和发展，医患关系也逐渐进入法律视野，并通过权利义务的设定以及责任的规范来调整患者和医生之间的社会关系。医疗机构和医务人员的一切医疗行为都是法律行为，无不关系到人的生命和健康。随着我国社会的进步、法制的健全，社会公众的维权意识也得到了空前提高。由于医疗实践种种复杂因素的客观存在，在治疗疾病过程中，时有不尽人意的事件发生。科学技术的不断发展给人类带来了无限光明和美好梦想，但科学是一把悬在人类上空的达摩克利斯之剑，当人类还沉浸在科学技术带给我们的幸福里的时候，危机也悄然来到我们身边。随着现代医疗水平不断进步，产生了许多新的治疗技术和医药用品，但是新技术的运用也不可避免地带来新的医疗风险。传统意义上的医疗事故、医疗意外、并发症、后遗症、过敏反应都属于医疗风险。二战以后，医疗技术突飞猛进的发展带来更多的医疗风险，而国家提供的医疗保障和医疗知识通过信息技术的迅速普及都给予患方更多的治愈期待，在社会成员个体权利意识日益觉醒的大环境下，医疗行业的发展变革使得医患侵权诉讼在全球范围内呈现爆发性增长的趋势。摆在各国政府面前的问题不仅是如何解决医疗诉讼案件本身的裁判问题，还包括如何协调、权衡随之产生的新的社会问题。

---

① 陈忠五. 法国法上医疗过错的举证责任［M］//朱柏松，等. 医疗过失举证责任之比较. 武汉：华中科技大学出版社，2010：96.

例如，通过诉讼解决医患纠纷导致的医患之间的信赖关系日渐淡漠而矛盾日益尖锐的问题；医疗侵权诉讼赔偿责任扩张导致的医疗行业从业者离职和医疗费用、医疗保险费用增加和患者负担增加的问题以及为了完成复杂的医疗侵权诉讼而导致的司法成本不断增加的问题等。

纠纷是人类社会固有的一种客观现象。人是有思想、有感情、有价值观的高等动物，而且人与人各不相同，只要有人类活动的地方，人与人之间利益需要不同，价值取向不同，就会产生纠纷。医疗活动是医务人员与患者之间的一种活动，医疗活动实施过程中及实施结束后，都可能产生纠纷。由于医疗活动存在利弊双重性的特征，就决定了医疗结果存在不确定性和风险性，从而医疗行为是最易产生纠纷的社会活动。医患纠纷古已有之，随着医学的出现而出现，不过在医学出现的初期，由于"天赋人权"观念的影响，纠纷并不多见。我国随着春秋时期医学的广泛兴起开始有了医患之争。①

根据 2017 年发布的"中国统计年鉴 2016"的数据显示，我国 2015年执业（助理）医师的数量约为 304 万，其中执业医师的数量约为 251万。近年来我国医师数量呈现增长态势，2015 年每千人口执业（助理）医师的数量为 2.20 人，较 2014 年增长 0.8 人，增长率为 3.77%。根据世界银行发表的数据，高收入国家每一千人就有 2.90 个医生。我国执业（助理）医师 2006 年至 2015 年的平均增长率为 4.07%。按照该速度增长下去我国还需 7 年才能达到世界银行要求的水平，我国目前的医生数量还远不能满足实际存在的需求。有研究显示，2005 年至 2015 年我国执业医师数量持续增加，但是年增长率波动较大。2014 年与 2015

---

① 王才亮. 医疗事故与医患纠纷处理实务 [M]. 北京：法律出版社，2002：23 - 24.

年的年增长率较 2012 年与 2013 年的年增长率大幅下降。这种执业医师增长率的波动可能与执业医师面临的风险，执业成本，工作强度等执业环境有关。①

医疗失误的历史，几乎与医疗存在和发展的历史一样源远流长。从事医疗活动的是人而不是神，人孰能无过？世界上最古老的成文法典《汉穆拉比法典》制定于公元前 18 世纪，为古巴比伦王朝法律。该法典第 218 条规定，因手术导致患者死亡，或者切除肿瘤时导致患者失明的，需砍掉医生的双手。这条法律的初衷，大概不会是要解决医生过剩的问题吧？历史的车轮向前碾进，到了古希腊时代，著名的希波克拉底誓言在历数了医生对患者的各种责任后强调指出，无论如何都不要伤害患者。可见当时的人们已经清楚地意识到医师可能对患者造成伤害的事实。

1999 年美国国家科学院医学研究所发布了一项名为《孰能无过》(To Err Is Human) 的开创性研究。这份报告至今仍困扰着医务工作者。通过对医院病历的回顾，该研究发现美国每年因医疗差错死在医院内的人数超 98000 人。后续研究结果则进一步表明这一研究可能大大低估了问题的严重性。例如仅"医院获得性感染"一项每年就可导致 9 万人死亡，而大部分院内感染都是可以避免的。2006 年，医学研究所的另一项研究发现，在美国，平均每位患者在住院期间至少每天遭遇一次医疗差错，如发错药或给错剂量。②

---

① 周博文：中国执业医师风险与风险保障调查［D］. 北京：首都经济贸易大学，2018.

② ［美］菲利普·朗曼. 最好的医疗模式——公立医院改革的美国版解决方案［M］. 李玲，徐进，译. 北京：北京大学出版社，2011：77.

　　随着我国医疗体制改革的不断深入发展，我国的医疗损害责任制度也在不断发展，经历了案件案由、法律适用和责任鉴定三个双轨制的曲折发展，形成了一个范围较大但却不够完善的患者权利保障制度。改革开放之初，我国规制医疗损害责任纠纷并没有统一的法律和法规。伴随着医疗纠纷的不断增加，为了规范医疗机构的诊疗行为，确定医疗损害责任，国务院于1986年6月29日出台了《医疗事故处理办法》。这个行政法规的出台背景是实行公费医疗的福利化政策，医疗机构诊疗行为的性质是社会福利保障，因此，对医疗机构在医疗活动中造成患者人身损害的赔偿责任，采取严格限制政策。

　　最高人民法院于2001年12月21日出台的《关于民事诉讼证据的若干规定》明确规定："因医疗行为引起的侵权诉讼，由医疗机构就医疗行为与损害结果之间不存在因果关系及不存在医疗过错承担举证责任。"这种过错和因果关系双重推定举证责任倒置使医疗机构在诉讼中处于严重不利的诉讼地位。2002年4月4日，国务院将《医疗事故处理办法》修订为《医疗事故处理条例》，该条例在一定程度上改变了对受害患者的赔偿权利进行严格限制的做法，如将医疗事故分为四级，废除一次性限额赔偿制并定出明确的赔偿标准，医疗事故鉴定由卫生行政主管部门改为医学会主管，但这些措施并没有从根本上改变对医疗事故损害赔偿予以限制的基本做法，也没有摆脱行政机关偏袒医疗机构的嫌疑。

　　2003年1月6日，最高人民法院出台的《关于参照〈医疗事故处理条例〉》审理医疗纠纷民事案件的通知》规定，"条例实施后，人民法院审理因医疗事故引起的医疗赔偿纠纷民事案件，在确定医疗事故赔偿责任时，参照条第四十九条、第五十条、第五十一条和第五十二条的规定办理。"而2004年5月1日，最高人民法院颁布实施的《关于审理人身损害赔偿案件适用法律若干问题的解释》规定的人身损害赔偿标准大大高于《医疗事故处理条例》第五十至五十二条规定的标准。由于患方以医疗事故为案由起诉获得的赔偿数额大大低于以医疗过错起诉获得的人身损害赔偿数额，因而医患矛盾愈加突出，出现了很多的患方选择医疗过错的案由向法院起诉，以避开适用《医疗事故处理条例》规定的过低标准。正因如此，医疗机构和医务人员普遍陷入恐慌之中，为保存证据应对严重的医疗诉讼和赔偿责任的压力，对患者普遍实行过度检查等手段保留证据，这大大增加了患方的医疗负担，进而对具有一定风险的诊疗行为进行推诿甚至拒绝治疗，进一步加剧了医患矛盾，形成了较为明显的防御性医疗态势。①

　　医学科学是与人类生命健康息息相关的一门重要学科，是一门永远都在发展完善的"缺陷学科"，医学领域的未知和不确定贯穿于诊疗、治疗和康复过程的始终。医疗风险的发生所形成的最终结果并非医疗行为实施之最初目的。医疗风险客观存在于整个医疗过程中，其始于医疗行为的实施，但其并非医疗行为所必然导致的危害性结果。正因为医疗风险发生所具有的或然性，才使得与医疗有关的风险控制、风险预防、风险管理成为人们研究关注的内容。② 目前医疗法律风险正成为影响中国医学发展、社会和谐、医患关系的突出问题，而医疗机构及医务人员对医疗风险给自身所造成的风险的认识尚处于懵懂状态，对于医疗法律风险的管理才处于起步阶段，无论是理论方面还是实践方面都有所欠缺。

---

① 杨立新. 医疗损害责任法［M］. 北京：法律出版社，2012：27 - 30.
② 赵敏. 医疗法律风险预防与处理［M］. 杭州：浙江工商大学出版社，2012：2 - 3.

本课题以 2013 年 1 月 1 日至 2016 年 12 月 31 日期间,最高人民法院中国裁判文书网公布的安徽省各级法院的医疗损害诉讼案例为研究对象,分析医疗损害诉讼案件数量在安徽省的变化趋势,引起立法机关、司法机关和卫生行政机关对医疗纠纷这一社会矛盾的重视,并为其立法、司法或卫生行政管理提供实证和理论依据。本课题有以下特点:首先,不同于以往研究,本研究以医师执业风险的法律防控为视角,以医学和法学相结合的跨学科研究为方法,不仅分析安徽省医疗损害诉讼产生的医学因素,同时也分析其产生的法律因素。其次,本研究在分析安徽省医疗损害诉讼案件的基础上,针对各一级诊疗科目常见的法律风险制定相应的防控方案。对于内科和外科等一级诊疗科目下的二级诊疗科目也将进行更深入的精细化研究,分析产生纠纷的原因以及相应的应对策略。再次,本研究将结合案例,对《中华人民共和国侵权责任法》的法律条文进行医学化解读,以使医务人员可以更好地理解侵权责任法关于医疗损害责任的医学内涵。最后,本研究成果将提高法官审判医疗损害诉讼案件的专业化水平,提高其审理该类案件的专业能力,以实现司法公正。

二、研究现状

目前学界对医疗损害责任制度的研究主要局限为法学理论研究领域,学者的学科背景主要为法学学者。烟台大学郭明瑞教授充分肯定了侵权责任法关于医疗损害责任的立法规定,认为其体现了社会的公平和正义。① 中国人民大学杨立新教授对侵权责任法第七章"医疗损害责任"中各法条含义的理解和层次结构进行了法学理论研究。② 同时对当前审理医疗损害责任纠纷案件的难点问题和对策进行了系统的探讨。③

有学者以美国医疗损害责任体制改革为借鉴，提出我国医疗损害责任体制改革应以维护医患双方的合法权益为目标，其中患者的医疗安全和医务人员执业安全是基本权益，应该树立诊疗规范在诉讼中的权威地位，结束多元化鉴定局面，同时改革医疗事故技术鉴定制度，使之向专业裁决方向发展。④

学界还有多位学者分别以法经济学、公共政策和程序法为研究视角，对侵权责任法关于医疗损害责任的立法规定进行了实效评价。有学者以法经济学为视域，通过建立预防函数模型，对医疗损害责任制度的效率进行了分析，认为虽然侵权责任法建立了二元的法律责任归责体系，明确了医疗过失认定的标准及人身损害赔偿标准，促进了医疗机构的预防水平趋向于社会最优预防，但是由于缓和性举证责任的缺失，保险制度的缺位以及医疗损害责任鉴定制度的混乱，会导致我国的医疗损害责任制度偏离社会最优预防水平。⑤ 学者杨彪从公共政策、医疗行为与责任配置之间的相互关系，对医疗损害责任制度的绩效进行了观察和

---

① 郭明瑞．侵权责任法．关于医疗损害责任的规定体现了社会公正［J］．法学论坛，2012（2）．

② 杨立新：医疗损害责任一般条款的理解和适用［J］．法商研究，2012（5）．

③ 杨立新：当前审理医疗损害责任纠纷的难点和对策［J］．中国审判，2014．

④ 王琦，吕鹏．美国医疗损害责任体制改革的启示［J］．中国卫生法制，2010（1）．

⑤ 魏建，王峻峰．医疗损害责任制度的效率分析——以法经济学为视域［J］．法学杂志，2011（7）．

评论。① 张海燕对侵权责任法第58条之过错推定责任原则进行了程序法研究，同时主张我国应重构统一的医疗损害司法鉴定制度。②

还有学者结合国外立法理论，对医疗损害责任的免除问题进行了系统研究，认为我国立法中医疗损害责任的免除欠缺理论的分类研讨和具体的可操作性规定，应力求寻找一条具有可操作性的制度化整合思路，以期对未来我国医疗侵权立法及司法实践中医疗纠纷案件的合理解决有所帮助。③

对于医疗损害责任纠纷诉讼中所呈现的二元化鉴定体制，不同学者提出了自己的观点。除上文所提及外，刘志军通过对中国现行医疗损害责任鉴定制度的比较和分析，专门对医疗事故技术鉴定和司法鉴定的优劣进行了对比研究，认为保留医疗事故技术鉴定具有必要性，并提出了完善建议。④

也有一部分有医学学科背景的学者，对医疗损害责任纠纷进行了实证研究。宁超等学者以中国裁判文书网上发布的医疗损害责任纠纷判例为研究对象，研究了2012年1月1日至2013年1月1日期间的45例全国医疗损害纠纷案例。研究发现：45个案例在地区分布、科室分布和不同医院等级方面均存在差异，但不同鉴定方式中不存在差异，在不同等级医院、不同科室、不同鉴定方式、不同责任承担方式以及赔偿金额方面

---

① 杨彪：公共政策、医疗行为与责任配置——关于医疗损害责任制度绩效的观察和评论 [J]．现代法学，2011（5）．
② 张海燕：程序法视野下医疗损害责任立法之适用困境及应对 [J]．甘肃社会科学，2012（6）．
③ 马宁：医疗损害责任的免除 [J]．社会科学战线，2016（5）．
④ 刘志军：论医疗损害鉴定制度的改革 [J]．河北工程大学学报（社会科学版），2011（2）．

均存在差异。医疗过错原因分布情况：医疗事故原因主要为手术操作不善、漏诊误诊，二者各占 37.5%。非医疗事故原因主要为检查不仔细、诊断不明确和漏诊误诊，分别排在前三位，各占 20%、14.3%、14.3%。① 石镁虹等选取 2008 年 7 月至 2015 年 3 月中国裁判文书网中关于产科的医疗损害纠纷案 553 例，分析我国产科医疗纠纷案件的分布特征及赔偿情况。研究发现：产科医疗纠纷案件占总体案件的 15.4%（553/3583），是排名第 2 位的被索赔的科室。产科医疗纠纷多集中在二级医院，占 41.6%；医院实赔金额最高的等级为三级医院（21.92 万）；损害结局中以死亡结局最多，新生儿死亡 132 例，孕产妇死亡 69 例。产科医疗纠纷累计医院承担责任大于 50% 的比例高达 41.6%。553 例产科医疗纠纷总赔付率为 89.5%，患者索赔平均为 48.48 万，院方实赔平均为 19.54 万。其中纠纷原因发生率由高到低依次为：助产缺陷致胎儿或新生儿损害（55.1%）、产程监护处理不当致孕产妇损害（17.3%）、诊断不当（10.5%）、手术治疗不当（9.7%）、产科其他治疗护理缺陷（7.4%）。研究表明产科医疗纠纷的形势严峻，呈现高发性、高赔付率的态势，管理者应结合产科医疗纠纷的具体成因及赔偿特点，设计产科安全程序和风险预警系统，以促进医疗安全。② 王露等以中国裁判文书网为资料来源，检索出相关案例，并进行案例的分析研究。结果表明：2014 年 1 月至 2014 年 12 月间公布的符合纳入条件的广东省医疗损害责任纠纷案件共计 46 例；案件总数最多的地区为广州，案件发生率最高的科室为产科；

---

① 宁超，丁美超等 . 45 例医疗损害赔偿纠纷案例的情况分析［J］. 中国卫生法制，2015（3）.
② 石镁虹，章桦等 . 553 例产科医疗纠纷分布特征及赔偿情况分析［J］. 实用妇产科杂志，2016（2）.

手术、沟通、治疗分别为居于前三位的发生原因。研究结论是应加强对医疗损害责任纠纷案件调解方式的研究；加强手术风险控制，完善诊疗操作规范，重视医患沟通。①

目前，医务人员对医疗损害责任制度的认知令人担忧。有研究发现：北京市三级医院对医疗过错损害责任认知的正确率仅 16.9%，而二级医院则更低仅 13.2%；三级医院对于侵权责任法的知晓率则低于二级医院（37.9%）仅为 36.3%；《医疗事故处理条例》已经固化了医务人员的"事故思维"，阻碍了其对医疗侵权基本法律制度的理解。②胡婷秀等以侵权责任法实施前后，长沙市基层医院的医务人员对医疗损害责任的认知状况进行对比分析，认为医院等级、医院性质、医务人员的文化程度、是否培训等因素会对考核合格率产生影响，并且发现侵权责任法实施后医务人员的诊疗行为较实施前规范。③ 张博源对医务人员理解侵权责任法法律条文的能力进行了研究，发现绝大多数医务人员无法准确理解立法关于医疗损害责任的法律内涵，这也限制了侵权责任法正确引导医务人员诊疗行为目的的实现。④

三、研究意义

医疗损害赔偿纠纷案件专业性强、争议大、矛盾突出，是司法实践

---

① 王露，姜小艳等. 广东省医疗损害责任案件实例研究 ［J］. 中国卫生法制，2016（3）.

② 张博源，赵龙等. 医务人员医疗损害责任制度认知状况的调查分析 ［J］. 中国卫生事业管理，2014（5）.

③ 胡婷秀，赵衡文. 长沙市基层医院医务人员对 "《侵权责任法》医疗损害责任" 相关情况的调查 ［J］. 现代医院，2013（10）.

④ 张博源. 影响医务人员认知医疗损害责任制度的立法技术因素分析 ［J］. 产业与科技论坛，2013，12（21）.

中的热点和难点。加强对审判医疗纠纷案件有关问题的研究，提高对该
类案件特殊性的认识，在审判活动中准确认定事实和适用法律，对于妥
善解决医疗纠纷，及时有效维护医患双方的合法权益，具有重要的现实
意义。同时也有助于促进医疗纠纷的立法工作，减少医患纠纷的发生，
推动医学事业的健康发展，从而达到增进人类福祉的目的。① 综合目前
国内研究情况，对医疗损害责任的研究非单一医学视角即单一法学视
角，均未从医学和法学相结合的角度去提出医师执业风险的法律防控措
施。查阅 CNKI 网站，以医疗损害责任纠纷为关键词进行检索，未发现
关于安徽省医疗损害诉讼案件的案例分析研究论文，更没有发现以医师
执业风险的法律防控为视角的案例分析研究论文。医疗行为不仅是技术
行为，同时也是法律行为，必须符合法律要求，否则，医疗行为不具有
合法性。本课题希望从医学和法学相统一的角度，对侵权责任法第七章
医疗损害责任的立法条文进行医学化解读，使医务人员的医疗行为符合
法律规范的要求，以提升医师应对医患纠纷的法律能力。

四、研究内容

第一，收集、整理 2013 年 1 月 1 日至 2016 年 12 月 31 日期间，中
国裁判文书网上公布的安徽省医疗损害责任纠纷的判例，以时间为线
索，分析整理 2013 年至 2016 年间，安徽省医疗损害责任纠纷的案例数
量的发展趋势。

第二，以一级诊疗科目为标准，分析整理 2013 年至 2016 年间，安
徽省医疗损害责任纠纷的案例在各一级诊疗科目的分布和变化情况。

---

① 余明永. 医疗损害赔偿纠纷［M］. 北京：法律出版社，2010：6.

第三，以医院分级为标准，分析整理 2013 年至 2016 年间，安徽省医疗损害责任纠纷的案例数量在各一级、二级、三级医疗机构的分布和变化状况。

第四，以医疗过错的类型为标准，分析整理 2013 年至 2016 年间，安徽省医疗损害责任纠纷的案例分布和变化情况，分析不同类型医疗过错产生的医学因素和法律因素。

第五，以医疗事故技术鉴定和医疗过错司法鉴定为标准，分析整理 2013 年至 2016 年间，安徽省医疗损害责任纠纷案例在这两类鉴定类型中的分布情况及其产生的不同法律后果。

第六，对内科、外科等一级诊疗科目下的法院判例，按二级诊疗科目进行细分，分析高风险二级诊疗科目及法律风险。

第二章

医患关系和医疗风险

一、医患关系

（一）医患关系的概念

医患关系又被称为医病关系，是指医方与患方之间的社会关系，也是患者和医生在疾病的诊疗或缓解疾病过程中形成的相互关系。在法学领域，医患关系有狭义和广义之分，狭义的医患关系以医疗行为为核心，是病患和医生之间形成的治疗与被治疗的关系。而广义的医患关系是指以医生为主的群体与以患者为主的群体在治疗和缓解患者疾病的过程中所建立的相互关系，广义的医患关系中的医方，除了医生外，还包括护理人员、医疗技术人员、管理和后勤人员等医疗群体；而患方则还包括与患者有关系的亲属、监护人、单位组织等群体。

有学者从原生与派生的角度，将不同种类的医患关系区分为原生形态的医患关系和派生形态的医患关系两大基本类型。其中，原生形态的医患关系就是医疗服务关系，也即医患社会关系；派生形态的医患关系则是人们运用法律、技术、道德、利益、价值、文化、人际等关系制约因素来确认和调整医疗服务关系而形成的医患法律关系、医患技术关系、医患道德关系、医患利益关系、医患价值关系、医患文化关系、医患人际关系，等等。①

（二）医患关系的内容

不同学者从不同角度对医患关系的内容进行了不同的界定。有学者从社会学角度观察认为，医患关系是一种特殊的人际关系，是医生和患者这两个社会角色互动所形成的社会关系。医患关系是最重要的人际关系之一，医患之间是相互依存、密不可分的关系。医生因患者而生、而成长，医学因疾病而发展，失去患者也就失去了医生生存的条件；而患者生病也要医生救治才能摆脱病魔、恢复健康，没有医生的帮助，患者的健康和生命安全也就失去了有效的保障。可以说，患者是医生的"衣食父母"，医生是帮助患者恢复健康的使者。但医患之间具有交往上的不对等性。与医生相比，患者在医疗知识的掌握上始终处于弱势地位，并且医生基于对专业知识的掌控，对患者常常处于命令的地位，而患者则往往处于依附者地位。在情感交流的过程中，患者基于治疗的目的，会向医生表现出高度的信任，甚至为治疗目的而告知隐私等。②

医患关系的内容依据与医疗技术有无关系，可分为技术关系和非技术关系两部分。所谓技术关系，指的是在医疗过程中医师与患者围绕诊疗技术性问题所建立的行为关系，简言之，就是医患双方在医疗诊断、治疗、用药、手术、护理等医疗技术交往过程中的关系。如征求病人对治疗的意见、讨论治疗方案等，它是医患关系的组成部分。而所谓非技

① 陈一凡. 医患关系法律分析［M］. 北京：人民法院出版社，2013：8.
② 石旭雯. 医疗侵权责任的认定及类型化研究［M］. 北京：知识产权出版社，2017：2-3.

术关系是指在医疗过程中，医师与病患因社会、心理、经济等方面的影响，所形成的道德关系、利益关系、法律关系等。① 即与医生诊疗技术和方法无关的医生与患者"纯"人际关系。医患关系非技术方面实际上体现了社会人际关系最普遍、最基本的原则，就是人与人之间的平等、尊重、信任及诚实，没有这个基础，任何人际关系都不可能很好地维系。

（三）医患关系的模式

1956 年美国学者萨斯和荷伦德在《内科学成就》发表的《医患关系的基本模式》一文中以医患互动、医生与患者的地位、主动性大小把医患关系分为三种基本类型。②

第一，主动—被动型模式。

主动—被动型模式是普遍存在于现代医学实践的传统医患关系模式。自 20 世纪初至 30 年代，即磺胺药和青霉素进入药典的时期，由于麻醉技术和合成化学药品的进展及开发，医生的技术能力和社会地位得到快速加强和提升。医生也因其特殊的职责被赋予极大的权威。由于医生具有高度的专业知识和医疗技术，是人类生命、身体、健康的守护者，受到社会高度的评价与尊敬，患者也全盘信赖医生的诊疗，在这种情境之下，医患关系毫无疑问是一种"父权主义"的表现。其特征是医生对患者单向作用，"为患者做什么"。医疗中，医生完全把握了医疗的主动权、决策权，即怎样医疗完全由医生说了算，病人无任何自己的意志，医生是绝对权威。这种模式的优点是能充分发挥医生纯技术的

---

① 黄丁全. 医事法［M］. 北京：中国政法大学出版社，2003：228.
② 王锦帆，尹梅. 医患沟通［M］. 北京：人民卫生出版社，2016：25.

优势，缺点是彻底否定了患者的个人意志，可能会影响疗效并为医患纠纷埋下隐患。所以这种模式一般适用于急症重伤、麻醉等意识丧失情况下的抢救治疗。这一模式如果用父母与婴儿的关系来概括似乎较为相似。对此《中华人民共和国侵权责任法》第五十六条予以明确规定："因抢救生命垂危的患者等紧急情况，不能取得患者或者其近亲属意见的，经医疗机构负责人或者授权的负责人批准，可以立即实施相应的医疗措施。"

关联法条：

1.《中华人民共和国侵权责任法》第六十条：患者有损害，因下列情形之一的，医疗机构不承担赔偿责任：（2）医务人员在抢救生命垂危的患者等紧急情况下已经尽到合理诊疗义务。

2.《中华人民共和国执业医师法》第二十四条：对急危患者，医师应当采取紧急措施进行诊治；不得拒绝急救处置。

3.《中华人民共和国医疗机构管理条例》第三十一条：医疗机构对危重病人应当立即抢救。对限于设备或者技术条件不能诊治的病人，应当及时转诊。

第二，指导—合作型模式。

指导—合作型模式属于现代医学实践中医患关系的基础模式。在这种模式中，医生仍占有主导地位，而患者能有条件、有限度地表达自己的意志，但必须接受医生的解释并执行医生的治疗方案，患者被要求与医生合作。它的基本特征是告知患者做什么。《中华人民共和国侵权责任法》第五十五条第一款规定："医务人员在诊疗活动中应当向患者说明病情和医疗措施。需要实施手术、特殊检查、特殊治疗的，医务人员应当及时向患者说明医疗风险、替代医疗方案等情况，并取得其书面同意；不宜向患者说明的，应当向患者的近亲属说明，并取得其书面同意。"虽然该条明确了医生的告知说明义务，但其也是该指导—合作型医患关系模式的立法体现。相较于"父权模式"，该模式含有互动成分，能较好地发挥医患双方的积极性，提高医疗效果和减少医疗差错，更有利于建立医患之间的信任合作关系。但它的不足之处仍在于医患之间的不平等性。这种医患关系类似于父母与青少年子女之间的关系。它一般常见于意识清楚的急危重症患者。

关联法条：

1. 《中华人民共和国医疗机构管理条例》第三十三条：医疗机构施行手术、特殊检查或者特殊治疗时，必须征得患者同意，并应当取得其家属或者关系人同意并签字；无法取得患者意见时，应当取得家属或者关系人同意并签字；无法取得患者意见又无家属或者关系人在场，或者遇到其他特殊情况时，经治医师应当提出医疗处置方案，在取得医疗机构负责人或者被授权负责人员的批准后实施。

2. 《最高人民法院关于审理医疗损害责任纠纷案件适用法律若干问题的解释》第五条患者依据侵权责任法第五十五条规定主张医疗机构承担赔偿责任的，应当按照前条第一款规定提交证据。实施手术、特殊检查、特殊治疗的，医疗机构应当承担说明义务并取得患者或者患者近亲属书面同意，但属于侵权责任法第五十六条规定情形的除外。医疗机构提交患者或者患者近亲属书面同意证据的，人民法院可以认定医疗机构尽到说明义务，但患者有相反证据足以反驳的除外。

3. 《中华人民共和国医疗纠纷预防与处理条例》第十三条：医务人员在诊疗活动中应当向患者说明病情和医疗措施。需要实施手术，或者开展临床试验等存在一定危险性、可能产生不良后果的特殊检查、特殊治疗的，医务人员应当及时向患者说明医疗风险、替代医疗方案等情况，并取得其书面同意；在患者处于昏迷等无法自主做出决定的状态或者病情不宜向患者说明等情形下，应当向患者的近亲属说明，并取得其书面同意。

第三，共同参与模式。

共同参与模式又被称为互补参与式，是在前两种医患关系基础上发展而来的，医生以平等的观念和言行方式，听取并尊重患者的想法，医患双方共同制定并积极实施医疗方案，即医生的主要角色是帮助病人做什么。它的基本特征是帮助患者自我治疗。这种医患关系就如同成年人之间的相互关系，有助于医患双方的相互理解沟通。这种模式适用于慢性病患者，而且更适用于有一定医学知识的患者。如需长期服药的高血压、糖尿病患者。

有日本学者从法律的角度分析共同参与模式，其实质是契约模式，认为医患关系本于医疗契约，病患有自我决定权，因此契约模式可认为是患者自我决定权的法律基础。契约模式是建构在医患双方互相尊重的前提下，医生本于专业知识为患者的医疗决定负责，患者对个人的价值与生活方式能自我决定。基于契约当事人对等原则，医生与患者属于对等关系，在此模式下，医疗处置的最后决定权在于患者自己而不在医师。[①]

关联法条：

《中华人民共和国侵权责任法》第六十条：患者有损害，因下列情形之一的，医疗机构不承担赔偿责任：（1）患者或者其近亲属不配合

---

① 黄丁全．医事法新论［M］．北京：法律出版社，2013：135．

医疗机构进行符合诊疗规范的诊疗。（3）限于当时的医疗水平难以诊疗。

（四）医患关系的法律属性

由于近年来医疗纠纷数量不断增加，医患双方的矛盾有激化的趋势，这和医患关系法律性质界定不清，缺乏法律确认和规范有必然的联系。2002年中华医院管理学会为进一步了解医院中医疗纠纷和侵权事件的发生情况，对全国326所医院进行多项选择式的问卷调查，该项调查显示，发生医疗纠纷后，43.86%的病人及其家属曾发生扰乱医院工作秩序的过激行为。因此，界定医患关系的法律性质，对于确立正确的医疗侵权民事责任制度，甚至一切有关医患双方权利义务的处理都具有根本性意义。[①]

第一，医疗契约法律关系。

也称为医疗合同法律关系，医患双方系平等民事主体之间的契约关系，是医方与患方就疾病的诊治、护理等医疗活动所形成的意思表示一致的民事法律关系。医疗契约法律关系的形成遵循契约成立生效的一般规则。医方是要方，其要约行为表现为开业及表明医疗服务内容，患方的挂号行为是承诺的意思表示。《最高人民法院关于审理医疗损害责任纠纷案件适用法律若干问题的解释》第四条：患者依据侵权责任法第五十四条规定：主张医疗机构承担赔偿责任的，应当提交到该医疗机构就诊、受到损害的证据。《安徽省高级人民法院关于审理医疗纠纷案件若干问题的指导意见》第九条规定：医疗损害责任纠纷案件，患者应当举证证明双方之间存在医疗关系并发生医疗损害事实和损害后果。因

---

① 王延文. 医事法学［M］. 北京：人民卫生出版社，2018：115.

此，医患之间的医疗服务合同关系成立并生效系患方追究医方医疗侵权责任的前提。

第二，医疗无因管理法律关系。

一般情况下，医患法律关系主要表现为医疗服务合同关系，但在个别情形下则存在例外。如医生在医院外，发现危急或昏迷的患者并对其加以诊疗的行为，则属于无因管理，因为医生并无法定或约定的救治义务，为了避免患者的生命健康权益受到损害，而自愿为患者提供医疗服务的行为。不仅医生可以成为无因管理的主体，医疗机构也可以。例如对于特定第三人将无自主意识的患者送往医院，医院对其进行救治而第三人又无负担治疗费用的意思表示。根据医疗无因管理法律关系发生场所不同，可以分为院内无因关系和院外无因管理。由于院外无因管理设备和场所的限制，其仅在医方存在故意或重大过失的情况下才承担损害赔偿责任，而在医院内的无因管理，医方应承担与医疗服务合同相同的注意义务。

第三，强制医疗法律关系。

强制医疗法律关系系最特殊的医患法律关系，它是基于国家为避免公共健康危险，通过强制对患者疾病的治疗，达到治愈疾病、防止疾病传播、维护公众健康利益，具有强制性、非自愿性、公益性的特点，一般包括性病、吸毒、精神障碍、严重传染性疾病等。强制医疗法律关系一般涉及三方当事人，即卫生行政机关、患方和医方。卫生行政机关与患者之间属于行政强制法律关系，医疗机构只是作为卫生行政机关实施具体行政行为的助手，其与患者之间不存在行政法律关系。

有学者将强制医疗法律关系称之为医患公法关系，其不同于医疗服务合同等医患私法关系。医患公法关系的医方不仅可以发生主体置换，且其主体地位、服务对价性、权利义务、关系建立的首要目标、主要客体等均与医患私法关系存在显著差异。医患公法关系的形成源于国家行政机关对患者行使医疗上的特殊行政管理权或源于国家以法律、行政法规的形式授权医疗机构对患者行使医疗上的特殊行政管理权。①

强制医疗措施要临时性、紧急性地对患者的人身自由予以限制，属于限制人身自由的行为，因此，根据《中华人民共和国立法法》第八条的规定，"下列事项只能制定法律：（五）对公民政治权利的剥夺、限制人身自由的强制措施和处罚"，强制医疗措施必须由法律进行规范，实施强制医疗措施的主体必须符合法律规定，强制医疗措施针对的对象必须符合法定条件，强制医疗措施种类必须符合法律规定，不能超越法定范围且程序必须合法。

强制医疗属于行政机关的一种具体行政行为，医疗机构与被强制医疗的患者之间不存在医疗服务合同法律关系，因此，被强制医疗的患者也无法依据《中华人民共和国侵权责任法》向医疗机构主张医疗侵权赔偿责任，其只能通过行政复议或行政诉讼向卫生行政机关或法院主张相关权利。如《疫苗流通和预防接种管理条例》规定，因第一类疫苗接种产生的异常反应争议，接种单位或者受种方可以请求接种单位所在地的县级人民政府卫生主管部门处理。因预防接种异常反应造成受种者死亡、严重残疾或者器官组织损伤的，应当给予一次性补偿。

二、医疗风险

我国传统的医患关系是医家施药扶危，病人则受恩得救，成为被恩

---

① 陈一凡. 医患关系法律分析［M］. 北京：人民法院出版社，2013：161.

赐、被救助的对象。医生往往是道德品性超出普通百姓的"仁爱之士",病家绝对信任医者,被动接受医生安排的一切,是一种患者对医生存在绝对信赖式的医患关系。随着我国医疗服务和医疗管理中不断地渗入了市场机制和经营模式,医患关系也逐步由过去的友善关系转向利益关系,医患之间的信任危机开始出现,这种危机使医患双方所面临的医疗风险都在增加。

（一）医疗风险的概念

现代社会中,"风险"一词的使用日渐频繁。"风险"到底指什么呢? 从词源上说,"风险"一词的来源目前并不十分明确且颇具争议。在早期的用法中,"风险"一词有以表示客观的危险,体现为自然现象或航海中遇到礁石、风暴等事件。随着社会的发展,"风险"一词早已不再是最初的"遇到危险"的含义了,已经被赋予了现代意义。风险不单纯指一种纯粹类似于地震、海啸等自然灾害现象,而是强调人与外在世界的一种可能的损害关系,即可能发生的危险,它是一个面向未来的可能性范畴,而不是一个事实性范畴。

医疗风险是指医疗过程中发生医疗目的以外的不良后果的可能性,或者说是在患者在医疗过程中遭到医疗目的之外损害的可能性。1991年,美国利普团队以纽约州51家医院为调查对象,随机抽取1984年度的3万例住院患者病历,调查结果显示,共发生医疗失误1133件,发生率为3.7%。其中医疗者失误280件,发生率为0.9%;医疗失误中死亡率为13.6%,这其中50%的死亡是由医疗者失误造成的。按利普团队的调查结果计算,每100位住院患者中,就有4位会遭遇医疗失误,其中1位是由医疗者失误引起的,也就是美国每年有350万的住院患者会遭遇医疗失误,其中10万人因此而丧生,这一数字是美国1年交通事故死亡人数的 2 倍。①

　　我国最高人民法院公布的 2007 年全国法院受理的民事案件数据为例，当年受理的民事案件中，排前六位的案件及数量分别是：（1）道路交通事故人身损害赔偿案件，296969 件；（2）财产损害赔偿案件，75176 件；（3）知识产权侵权案件，15118 件；（4）医疗事故损害赔偿案件，11009 件；（5）雇员受害赔偿案件，9839 件；（6）工伤事故损害赔偿案件，5446 件。医疗纠纷案件数名列第四，超过了雇员损害和工伤赔偿的案件。②

　　医疗风险不同于疾病风险，疾病风险是指疾病本身对患者的生命和健康所存在的潜在的危险，即疾病对患者所产生的痛苦与死亡的可能性。虽然医疗风险与疾病风险都是人类社会客观存在的风险，但两者之间存在本质差异。首先，疾病系人体自身发展变化或与外界环境相互作用后的自然结果，属于自然风险；但医疗风险则属于人为风险，以医务人员的诊疗活动介入人体为前提。其次，责任承担主体不同。疾病是人体自身发生的某种病理性或功能性的改变，机体功能部分丧失或死亡的后果只能由患者本人来承担；而医疗风险则常常由医患双方共同承担，一方面患者要承担由于诊疗活动本身不确定性所带来的病情恶化、残疾或者死亡等风险，另一方面，医生也要承担由于自身医学知识和技能缺陷所导致的否定性社会评价或法律风险。③

---

① 〔日〕李启充. 美国医疗的光明与黑暗 ［M］. 徐蒙，译. 北京：求真出版社，2012：38 - 39.

② 刘鑫. 医疗利益纠纷—— 现状、案例与对策 ［M］. 北京：中国人民公安大学出版社，2012：3.

③ 龙敏. 风险社会下医疗安全的刑法保护 ［M］. 上海：上海人民出版社，2014：30 - 32.

（二）医疗风险的基本特点

诊疗活动是一种利用医学知识与医学技术直接作用于人体并导致人体的形态或功能发生一定变化的行为，诊疗活动本身十分复杂易产生各种风险。诊疗行为的实施过程和结果均可能发生各种危险。

第一，医疗风险存在的客观性和普遍性。

诊疗行为本身的不确定性和人体自身的不确定性是客观存在的，由此决定了医疗风险本身存在的客观性。此外，医疗风险还具有普遍性，由于诊疗行为本身不可避免的侵袭性，在诊断治疗疾病的同时，也潜藏着给患者带来更大伤害的可能，也就是说，医疗风险无处不在。以蓝瑚，夏穗生主编的《外科手术失误及处理》书中所载为例，作者分十六章详细阐述了外科手术中常见的手术失误及处理，内容涉及颈部手术、甲状腺手术、乳腺及腋窝手术、胃手术、胃迷走神经切断术、小肠手术、阑尾手术、结肠手术、直肠手术、痔和肛瘘手术、腹外疝手术、腹腔内脏探查术、肝脏手术、门脉高压症手术、肝外胆道手术、胰腺手术、脾切除术和静脉切开及下肢静脉曲张手术等。

第二，医疗风险原因的复杂性。

诊疗行为类型和人类机体功能的复杂性决定了诊疗结果的不确定性，也就是说导致医疗风险发生的因素是多方面的，而非单一因素。其实医生并不是决定医疗质量的唯一因素。除了医生以外还有很多人，包括护士、药剂师、检验技师、勤杂工、甚至监护人，其中任何一个出了差错或者对安全问题的认识不足，都有可能轻易地让病人送命。即使是更换床单上便盆这样不起眼的工作，如果出错，都可能导致整个医院出现致命的感染。①

第三，医疗风险认知的专业性。

对医疗风险的认知具有知识信赖性，即必须在掌握一定的专业知识或专业技能的基础上才能对医疗风险有一定程度的认识。德国学者贝克认为，那些损害健康、破坏自然的东西是不为人的眼睛和感觉所认识的，甚至那些表面上明确无误的观点，仍旧需要有资格的专家来评判其客观性。由于诊疗行为的专业性和技术性，医患双方对患者损害结果的认识也会存在较大分歧。在我国司法实践中，凡涉及医疗技术争议的医患纠纷案件，都需要提请医疗损害技术鉴定。即使在医疗纠纷调解阶段，有时也需要进行医疗损害技术鉴定。

三、我国医师执业风险现状

医疗损害诉讼案件专业性强、争议大，是医患关系处理和司法实践中的热点和难点。近年来，安徽省医患关系紧张，医疗损害诉讼案件频发，为加强对医疗损害诉讼案件的研究，增加医师执业风险的法律防控意识，提高执业医师预防医疗纠纷的能力，本课题团队收集、整理2013年1月1日至2016年12月31日期间，中国裁判文书网上公布的安徽省医疗损害责任纠纷的判例，以时间为线索，分析整理2013—2016年，安徽省医疗损害责任纠纷的案例数量的发展趋势。通过研究发现：2013—2016年安徽省法院系统共审结医疗损害责任纠纷案例1043件，2013年95例（9.1%）；2014年360例（34.5%）；2015年

---

① 〔美〕菲利普·朗曼. 最好的医疗模式——公立医院改革的美国版解决方案［M］. 李玲，徐进，译. 北京：北京大学出版社，2011：76.

194 例（18.6%）；2016 年 394 例（37.8%）。从 2013—2016 年安徽省医疗损害诉讼案件呈快速上升的趋势，2014 年度医疗损害诉讼案件数是 2013 年度的 3.79 倍，2016 年度则是 2015 年度的 2.03 倍，但增长趋势渐缓（见表 1）。

表 1　安徽省医疗纠纷案例的年度分布状况

年度	案例数（例）
2013 年	95
2014 年	360
2015 年	194
2016 年	394

龚精诚对 2015—2017 年的贵州省医疗纠纷案件调查发现，截至 2018 年 1 月 16 日，中国裁判文书网公布发生在贵州省的以"医疗损害责任纠纷"为案由的医疗纠纷案件，2015 年 77 件，2016 年 170 件，2017 年 201 件，共计 448 件。分别占案件总数的 17.19%，37.95% 和 44.86%。表明贵州省近三年的医疗纠纷案件一直处于高发态势，案件数量多，案件争议大，医患矛盾突出。① 据有关统计数据显示，在 2002—2008 年，我国各级人民法院受理医疗事故损害赔偿案件分别为 10249、9079、8854、9601、10248、11009、13875 件。2002—2008 年，医疗事故损害赔偿案件的数量整体上表现出增长的趋势，特别是 2007—2008 年，增幅较大。在 2009 年，全国各级人民法院受理的医疗

---

① 龚精诚：贵州省 2015 - 2017 年医疗纠纷案件调查［J］. 法制博览，2018（10）（上）.

事故纠纷案件数量为 16448 件，在各类侵权案件中，排名比较靠前，位于道路交通事故人身损害赔偿和财产损害赔偿之后。根据国家卫生计生委和最高人民法院的统计，在 2010—2014 年，全国各级人民法院受理的医疗纠纷案件为 16959、17277、18002、18870、19944 件。张跃铭调查 2007—2013 年东莞市 13 家公立医院医疗纠纷发现，2007 年 87 件，2008 年 109 件，2009 年 147 件，2010 年 154 件，2011 年 133 件，2012 年 161 件，2013 年 183 件。①

综上，笔者认为，随着我国人民生活水平的日益提高，民众对健康、医疗的关注度越来越大，而我国现有的医疗卫生服务难以满足人民日益增长的医疗卫生需求。上述研究结果表明，目前安徽省医患关系仍十分紧张，医患对立、医患纠纷频发，医闹，甚至恶性伤医事件也时有发生，医师在执业过程中仍面临巨大的各种类型的执业风险。同时，医患纠纷已严重影响医疗秩序和医务人员心理，消耗大量的精力和财力。为此，国家应积极促进医改，逐步解决看病难、看病贵等核心问题，另外，加大对医疗秩序的维护力度，建立健全医疗风险分担机制。同时，作为执业主体的医师也应进一步增强自身业务能力，提高法律知识水平，加强职业道德修养，平和心态，积极提高自身应对各类医疗执业风险的能力。

---

① 张跃铭：医疗纠纷调查与预防解决机制的完善——以东莞市 13 家公立医院为例 [J] . 中国卫生事业管理，2014（10）.

第三章

医疗执业主体及其法律风险

医疗人员有广义和狭义之分，广义的医疗人员泛指与医疗有所关系的人，其中包括与医疗相关的法人与自然人。医疗法人系因法律赋权而成为权利主体的社会组织体，一般指医疗机构。自然人则指实际从事医疗业务的医师及其他医疗人员。由于医疗机构是医疗活动的主要场所，而一切医疗活动的决策和推动者则是医师，因此，医疗行为以医师为主体，医师在整个医疗体制中具有无可替代的价值。

我国对从事医疗行为的主体实行严格的资格准入制度。医疗执业资格是指经过国家认可，能够从事医疗行为的资格。医疗执业资格是国家卫生行政部门对医疗执业主体所实施的一种资格准入管理形式，卫生行政部门通过给行政管理相对人颁发医疗执业资格的方式，允许其在特定时间、特定区域、特定领域从事医疗执业活动。在我国医疗执业主体包括医疗机构和医师等。

一、医疗执业主体类型

（一）医疗机构

医院是社会的子系统，在社会环境中生存和发展，承担着防病治病，维护人类健康的社会职能。在我国，医疗机构是指依法定程序设立的从事疾病诊断、治疗活动的卫生机构的总称。我国医疗机构依据《医疗机构管理条例》及其实施细则的相关规定进行设立和登记，既要符合当地的医疗机构设立规划和原卫生部制定的医疗机构基本标志，也要履行法定的设立程序等。医疗机构以救死扶伤，防病治病，为公民的健康服务为基本宗旨。《医疗机构管理条例》第二条规定的医疗机构指从事疾病诊断、治疗活动的医院、卫生院、疗养院、门诊部、诊所、卫生所（室）以及急救站等医疗机构。

台湾地区将医疗机构分为医院、诊所和其他。其中医院包括综合医院、医院、专科医院、慢性医院、精神科医院、中医医院、牙医医院、诊所。诊所分为从事专科诊疗业务的专科诊所、从事一般诊疗业务的一般诊所、从事中医诊疗业务的中医诊所和专门从事牙医诊疗业务的牙医诊所。①

大陆地区，依据医疗机构的功能、任务、规模等不同，可划分为十二类：（1）综合医院、中医医院、中西医结合医院、民族医医院、专科医院、康复医院；（2）妇幼保健院；（3）中心卫生院、乡镇卫生院、街道卫生院；（4）疗养院（5）综合门诊部、专科门诊部、中医门诊部、中西结合门诊部、民族医门诊部；（6）诊所、中医诊所、民族医

---

① 黄丁全. 医事法新论［M］. 北京：法律出版社，2013：12.

诊所、卫生所、医务室、卫生保健所、卫生站；（7）村卫生室（8）急救中心、急救站；（9）临床检验中心（10）专科疾病防治院、专科疾病防治所、专科疾病防治站；（11）护理院、护理站；（12）其他诊疗机构。

依据《城市社区卫生服务机构管理办法（试行）》第二条所指称，社区卫生服务机构是在城市范围内设置的、经区（市、县）级政府卫生行政部门登记注册并取得《医疗机构执业许可证》的社区卫生服务中心和社区卫生服务站。社区卫生服务机构以社区、家庭和居民为服务对象，以妇女、儿童、老年人、慢性病人、残疾人、贫困居民等为服务重点，开展健康教育、预防、保健、康复、计划生育技术服务和一般常见病、多发病的诊疗服务，具有社会公益性质，属于非营利性医疗机构。

我国《妇幼保健机构管理办法》第二条规定，各级妇幼保健机构是由政府举办，不以营利为目的，具有公共卫生性质的公益性事业单位，是为妇女儿童提供公共卫生和基本医疗服务的专业机构。乡镇卫生院是农村三级医疗卫生服务体系的枢纽，是公益性、综合性的基层医疗卫生机构。《乡镇卫生院管理办法（试行）》第二条将乡镇卫生院界定为在乡镇设置、经县级人民政府卫生行政部门登记注册、依法取得《医疗机构执业许可证》的卫生院。村卫生室作为农村公共服务体系的重要组成部分，是农村医疗卫生服务体系的基础。《村卫生室管理办法（试行）》规定，村卫生室（站）系经县级卫生计生行政部门设置审批和执业登记，依法取得《医疗机构执业许可证》，并在行政村设置的卫生室（所、站）。

1989 年 11 月 29 日，原卫生部发布了《医院分级管理办法（试行)》对医院分级管理的依据是医院的功能、任务、设施条件、技术建设、医疗服务质量和科学管理的综合水平。医院分级管理的实质是按照现代医院管理的原理，遵照医疗卫生服务工作的科学规律与特点所实行的医院标准化管理和目标管理。医疗机构按其功能、任务不同划分为一、二、三级。一级医院：是直接向一定人口的社区提供预防，医疗、保健、康复服务的基层医院、卫生院。二级医院：是向多个社区提供综合医疗卫生服务和承担一定教学、科研任务的地区性医院。三级医院：是向几个地区提供高水平专科性医疗卫生服务和执行高等教育、科研任务的区域性以上的医院。各级医疗机构经过评审，按照《医院分级管理标准》确定为甲、乙、丙三等，其中三级医院增设特等，因此医院共分三级十等。

（二）执业医师

医生是人类生命和健康的守护者，古今中外备受人们尊崇。西方人认为医生是博学多才的智者。我国民间称医生为"大夫""郎中"，人们对医生以高官相称，足见对医生的尊敬。

所谓医师是指携带工具，用某些手法、药物用于治病的专业人士。19世纪初，医师是男性的专有权利，人们对女性进入医学院学医存在极大的排斥。在我国，执业医师是指依法取得执业医师资格或者执业助理医师资格，经注册在医疗、预防或者保健机构业的专业医务人员。我国执业医师法将执业医师分为执业医师和执业助理医师。执业医师相当于医师职称和职务序列中的医师，执业助理医师相当于医师职称和职务序列中的医士。执业医师应当具备良好的职业道德和医疗执业水平，发扬人道主义精神，履行防病治病、救死扶伤、保护人民健康的神圣职责。由于我国乡村医疗卫生资源的缺乏，为了满足村民的初级卫生保健服务需求，我国设立了乡村医生制度。依据《乡村医生从业管理条例》的规定，乡村医生指尚未取得执业医师资格或者执业助理医师资格，经注册在村医疗卫生机构从事预防、保健和一般医疗服务的乡村医生，而非执业医师。

（三）实习医师

实习医师是医学高年级学生在医院实习时的称谓。《中华人民共和国执业医师法》第九条规定：具备以下条件之一，即具有医学专业本科以上学历，在执业医师指导下，且在医疗、预防、保健机构中试用期满一年的；取得执业助理医师执业证书后，且具有医学专科学历，在医疗、预防、保健机构中工作满两年的；具有中等专业学校医学专业学历，在医疗、预防、保健机构中工作满五年的，方可参加执业医师资格考试。由此可知，任何医生在获得执业医师资格证之前都需要在医疗机构等相关单位实习一段时间。

所谓实习是指实地练习和操作。实习的目的在于为日后成为正式医师做准备，因此，实习的范围当然以医疗行为为主。但实习医师仍具有学生身份，并不具有执业医师资格，因此不得独立实施医疗行为。临床实习是医学生培养过程中极其重要的组成部分。然而，随着近年来患者维权意识的提高，中国实习医生面临的身份困境日益突出，医学生临床受教育权与患者知情同意权、隐私权等权益相互冲突，导致越来越多的医学生遭遇不信任、被拒绝操作甚至医患冲突。尽管原卫生部和教育部在 2009 年联合发布的《医学教育临床实践管理暂行规定》中指出，医学生有权利在临床带教教师指导下参与临床诊疗活动，但在法律层面仍存在实习医生诊疗资格"合理不合法"、各方主体权责界定不清等问题，无法有效指导实践教学的规范开展。①

二、医疗机构与执业医师之间的法律关系

随着医改的步步深入，原来一统天下的公立医院体制出现了分化，大量的私立医疗机构和个人诊所不断涌现，执业医生与医疗机构之间的法律关系也出现了前所未有的变化。由于医疗机构的性质不同，执业医生与医疗机构的法律关系也不相同。从我国现行立法来看，执业医生与医疗机色之间的法律关系主要分为两类，一类是事业编制法律关系，第二类是劳动法律关系。人事关系是指用人单位与劳动者之间因录用、培养、考核、奖惩、工资、福利、保险、档案及流动调配等人事管理活动所形成的权利义务关系。人事关系主体具有复杂性，包括国家和地方各级行政机关的一般国家公务员和工勤人员；国家和地方各级行政事业单位的工作人员和工勤人员；各类技术人员；军队转业干部、退伍军人；退休退职的干部和职工等。人事关系中的劳动者具有国家事业单位编制，其报酬由组织部门实行绩效考核而定。劳动关系指用人单位与劳动者之间，依法所确立的劳动过程中的权利义务关系。用人单位一般指中华人民共和国境内的企业、个体经济组织、民办非企业单位等组织。同时。也包括国家机关、事业单位、社会团体与劳动者建立劳动关系的。执业医师与医疗机构之间的法律关系可以根据执业医师是否具有事业单位编制的不同，而区分为事业编制法律关系和劳动法律关系。

---

① 宋爽，曹逸涵，傅麒宁等：中外医学生临床实习身份问题调查及对比分析［J］．基础医学与临床，2019（1）．

三、医疗机构与执业医师的法律风险

法律责任是指行为人违反法律规定后所应承担的带有强制性的责任。它来自行为人对法律规定的违反，是行为人的违法行为必然产生的法律后果。医事法律责任则指医疗机构或医务人员在诊疗活动中，因故意或过失违反有关法律、法规、规章、诊疗规范、诊疗常规以及执业纪律，损害了患者的合法权益，所应承担的民事责任、行政责任和刑事责任的后果。

（一）医事民事责任法律风险承担主体

医疗损害民事责任是指医方因不履行承担的法定、约定义务或侵害患者的合法权利而给患者带来不利的事实，其依法应该承担的民事责任。依据我国侵权责任法的规定，医疗机构及其医务人员在诊疗过程中，如果未尽到与当时医疗水平相应的诊疗义务，或者违反告知义务、保密义务，或因医疗产品缺陷而造成患者人身损害时，医方均需承担相应的民事损害赔偿责任。

无论医疗机构与执业医师之间属于事业编制法律关系，还是劳动法律关系，医师在经注册的执业地点的执业行为均属职务行为，依据我国侵权责任法第三十四条的规定，用人单位的工作人员因执行工作任务造成他人损害的，由用人单位承担侵权责任。也就是说，因执业医师职务行为所导致的医疗侵权损害后果的民事责任应由医疗机构承担，执业医师并不是承担民事责任的直接主体。

从我国现行立法规定及司法实践来看，当患方以医疗损害赔偿责任纠纷为案由向人民法院提起民事诉讼，并申请法院进行医疗过错、医疗

过错与损害后果之间因果关系及原因力大小的司法鉴定时，人民法院经过审理，通常依据司法鉴定意见做出医疗机构是否存担民事赔偿责任的裁判，而不会涉及医疗机构及医师是否承担行政或刑事法律责任。

（二）医事行政责任法律风险承担主体

医疗行政责任主要指医疗机构及执业医师因违反行政法，其中主要是卫生法律、法规、部门规章或诊疗护理操作规范，所应承担的行政法律后果。根据责任主体的不同，医疗行政责任包括，医疗机构及其医务人员的行政责任，卫生行政部门及其工作人员的行政责任等。本书研究的医疗行政责任专指医疗机构和医务人员因其诊疗不当行为所应承担的行政责任。行政处罚包括警告；罚款；吊销、暂扣许可证和执照；行政拘留。追究因医疗纠纷引起的医疗机构及医务人员的医事行政法律责任的前提是，医疗机构及其医务人员的过错诊疗行为是否构成医疗事故，也就是以医学会的医疗事故鉴定意见为判断标准。

依据我国《医疗事故处理条例》第五十五条第一款"医疗机构发生医疗事故的，由卫生行政部门根据医疗事故等级和情节，给予警告；情节严重的，责令限期停业整顿直至由原发证部门吊销执业许可证，对负有责任的医务人员依照刑法关于医疗事故罪的规定，依法追究刑事责任；尚不够刑事处罚的，依法给予行政处分或者纪律处分"，由于法律规范可知，医疗机构和医务人员均是医疗事故行政责任的承担主体。例如：2017 年 4 月 28 日，安徽省卫计委以安徽省立医院发生承担主要责任医疗事故案做出行政处罚决定：安徽省立医院冠心病介入诊疗科第 3 治疗组停业整顿 1 个月。冯克福承担医疗事故主要责任，被处以暂停 9 个月执业活动。

案例 3 – 1①:

基本案情:

2008年8月4日至8月5日凌晨，北京市朝阳区某医疗美容诊所为患者张某某开展了多项医疗美容手术，手术过程分为两个部分，第一台手术为8月4日19：00至21：00由手术医师周某某实施的切眉、高分子重睑术，手术过程顺利。第二台手术为2008年8月4日23：00至8月5日4：00左右实施的腰腹吸脂、颊脂垫摘除、外路眼袋和眶隔脂肪释放和颞部筋膜悬吊术。手术参与人员有主刀医师王某某、麻醉医师余某某和两名护士，术中患者出现呼吸困难、意识障碍，后经多家医院的抢救、治疗，患者仍处于昏迷状态。

鉴定意见:

针对案情，区卫生局组织医疗美容整形外科专业、麻醉科专业、法律等多个专业的专家，从不同的角度分析案情。特别是麻醉科专业、医疗美容专业专家，他们从各自学科内涵、发展情况及科室设置等多角度提供专业保障，帮助监督员认识专业、熟悉学科解析案情。专家认为虽然调查未能证实麻醉师在受害人的手术中开展了除局部麻醉外的麻醉活动，但是麻醉记录单为麻醉科专用医疗文书，在临床实践中，麻醉师为局部麻醉开展监护也属于麻醉科的工作范围。该诊所《医疗机构执业许可证》登记的诊疗科目不包含麻醉科，可以认定诊所的上述行为属于超出诊疗活动范围开展麻醉科诊疗活动。

---

① 魏宪东，周晓瑾，田鹏毅等. 一起由医疗纠纷引起的吊销《医疗机构执业许可证》行政处罚案例分析［J］. 中国卫生监督杂志，2013（1）.

行政处罚：

监督员通过一系列的调查取证，各证据之间相互支持，认定诊所超出《医疗机构执业许可证》登记的诊疗科目开展麻醉科诊疗活动。经过听证程序，朝阳区卫生局最终认定诊所的行为违反了《医疗机构管理条例》第二十七条，依据《医疗机构管理条例》第四十七条和《医疗机构管理条例实施细则》第八十条第二款第（一）项、第（二）项，给予该诊所罚款人民币叁仟元整和吊销《医疗机构执业许可证》的行政处罚。

（三）医事刑事责任法律风险承担主体

医事刑事责任具有强制性、严厉性特点。医事刑事责任法律风险的责任主体具有特殊性，其责任主体一般为具体实施诊疗行为的医务人员，而非医疗机构。本书所研究的医事刑事法律责任特指医务人员的医疗事故罪法律风险。医疗事故罪是医事刑事责任法律风险中最常见的犯罪，它一般发生在诊疗护理过程中，表现为医务人员由于严重不负责任导致的业务过失，结果是严重侵害了患者的生命健康权。

我国《刑法》第三百二十五条规定，医务人员由于严重不负责任，造成就诊人死亡或者严重损害就诊人身体健康的，处三年以下有期徒刑或者拘役。2008 年 6 月 25 日，最高人民检察院、公安部《关于公安机关管辖的刑事案件立案追诉标准的规定（一）》第五十六条规定了医疗事故罪的立案追诉标准。具有下列情形之一的，属于本条规定的"严重不负责任"：擅离职守的；无正当理由拒绝对危急就诊人实行必要的医疗救治的；未经批准擅自开展试验性医疗的；严重违反查对、复核制度的；使用未经批准使用的药品、消毒药剂、医疗器械的；严重违反国家法律法规及有明确规定的诊疗技术规范、常规的；其他严重不负责任的情形。本条规定的"严重损害就诊人身体健康"，是指造成就诊人严重残疾、重伤、感染艾滋病、病毒性肝炎等难以治愈的疾病或者其他严重损害就诊人身体健康的后果。

案例 3 - 2：

安徽省淮南市田家庵区人民法院审理的马镇静、费妍妍医疗事故罪一案①

刑事判决书〔2015〕田刑初字第 00016 号

被告人基本信息：

被告人马某某，女，系新康医院妇产科医生

被告人费某某，女，系新康医院妇产科护士

检察院指控：

2013 年 1 月 9 日上午 9 时 30 分许，被害人刘某的妻子张某到淮南新康医院妇产科分娩，整个产程在被告人马某某的指导下，被告人费某某和另一医护人员杨某三人共同完成了孕妇张某的分娩过程。由于费某某无从事母婴保健技术的资质，马某某工作严重不负责任，医疗行为存在严重过失，致使孕妇在分娩过程中新生儿重度窒息，造成新生儿脑颅损伤、脑瘫的严重后果。

---

① 案例引自中国裁判文书网〔EB/OL〕. wenshu. court. gov. cn.

医疗事故技术鉴定：

淮南市医学会：（1）淮南新康医院为合法医疗机构，医生为合法执业人员。护士费某某未取得《母婴保健技术考核合格证书》，按《中华人民共和国母婴保健法》及实施办法，未取得《母婴保健技术考核合格证书》的人员，不能从事母婴保健技术工作。（2）院方在孕妇产程观察中，胎心变慢，未给予吸氧、药物等处理；未立即给予终止妊娠；新生儿出生长达3小时未转入新生儿科治疗。（3）新生儿窒息与患儿脑瘫有因果关系。（4）2013年1月9日彩超示：晚孕、头位、胎儿脐带绕颈，有脐带绕颈存在。（5）本病例属于二级丁等医疗事故，院方负主要责任。

安徽省医学会：（1）患者晚孕入院时的彩超（2013年1月9日）提示，胎儿脐带绕颈，不作为破宫产指征；（2）淮南新康医院为合法医疗机构，医生为合法执业人员。护士费某某未取得《母婴保健技术考核合格证书》，按《中华人民共和国母婴保健法》及实施办法，未取得《母婴保健技术考核合格证书》的人员，不能从事母婴保健技术工作。（3）该病例为二级乙等医疗事故，医方负主要责任。

法院认定事实：

2013年1月9日上午9时30分许，被害人刘某的妻子张某到淮南新康医院妇产科分娩，整个产程在被告人马某某的指导下，被告人费某某和另一医护人员杨某三人共同完成了孕妇张某的分娩过程。由于费某某无从事母婴保健技术的资质，马某某作为值班医生，仍指导费某某进行分娩医疗技术操作，医疗行为存在严重过失，致使孕妇在分娩过程中新生儿重度窒息，造成新生儿颅脑损伤、脑瘫的严重后果。

定罪量刑：

经本院审判委员会讨论决定，依照《中华人民共和国刑法》第三百三十五条，第三十七条，第六十七条第三款之规定，判决如下：第一，被告人马某某犯医疗事故罪，免予刑事处罚。第二，被告人费某某犯医疗事故罪，免予刑事处罚。

案例 3 - 3：

安徽省淮南市大通区人民法院审理的李克祥犯医疗事故罪一案

刑事判决书〔2016〕皖 0402 刑初 122 号

被告人基本信息：

被告人李某某，男，1962 年 7 月 1 日，系淮南市第三人民医院药剂士

案件基本信息：

2016 年 4 月 27 日 9 时许，姚某带儿子高某到淮南市第三人民医院儿科就诊，儿科主任储某某（不起诉）检查后诊断高某有发烧、咳嗽、咳痰、扁桃腺肿大的症状，遂开含有克林霉素、阿米卡星、注射用维库溴铵、维生素 C、维生素 B6、利巴韦林、地塞米松等药物的处方，让姚某前往门诊药房交费取药。门诊药房当班药剂人员李某某未按《处方管理办法》等相关规定，对处方用药与临床诊断的相符性未予以审核即发放药品。姚某领药后，医护人员对高某进行输液，在输液进行到第三步时，高某出现严重不良反应，遂送入淮南市新康医院，后经抢救无效于事发当日死亡。

医疗事故技术鉴定：

过错类型：医生用药错误，诊断与治疗不符；药师未按《处方管理办法》相关规定发药，即未予以审核处方就发药；维库溴铵是致死的主要原因，不排除该药过敏致死（在未进行尸检的情况下）。经淮南市医学会医疗事故技术鉴定，本病例属于一级甲等医疗事故，院方负完全责任；

定罪量刑：

依照《中华人民共和国刑法》第三百三十五条、第三十七条之规定，判决如下：被告人李某某犯医疗事故罪，免予刑事处罚。

（四）实习医师的法律风险

我国立法并未确立实习医生制度，其法律定位不明确，权利义务不清。仅从原卫生部相关的批复中可见何为实习医生的模糊界定。2004年6月3日，原卫生部《关于取得医师资格但未经执业注册的人员开展医师执业活动有关问题的批复》规定，对于取得医师资格但未经医师注册取得执业证书而从事医师执业活动的人员，按照《中华人民共和国执业医师法》第三十九条的规定处理。在教学医院中实习的本科生、研究生、博士生以及毕业第一年的医学生可以在执业医师的指导下进行临床工作，但不能单独从事医师执业活动。2006年3月20日，原卫生部《关于张安医疗事件有关问题的批复》和2006年12月18日发布的原卫生部《关于未经执业注册医师私自开展家庭接生造成人员死亡有关法律适用和案件移送问题的批复》也进一步重申上述观点。

从上述规定可知，在我国实习医生被限定为在教学医院中，从事实

习的本科生、研究生、博士生和毕业第一年的医学生。但何为教学医院
我国立法并未明确界定，那医学生毕业第二、三年后仍未取得执业资格
的医学生是否为实习医生？由于立法的空白，在我国司法实践中，因实
习医生身份的界定争议所导致的医患矛盾大量存在。

案例 3-4：

北大教授熊卓为诉北京大学第一人民医院医疗损害责任案[①]

基本案情：

从 2005 年 12 月开始，北京大学第一医院（下称北大医院）心血管
研究所研究员、教授熊卓为因长期伏案工作感到有些腰疼。2006 年年
初，熊卓为在北大医院门诊接受保守治疗后，1 月 18 日 X 光检查结果
显示：熊卓为腰椎骨关节病、腰 4/5 椎间盘病变、腰 4 Ⅰ度滑脱伴峡部
裂。同一天，骨科主任李淳德给熊卓为开出了住院治疗通知单。熊卓为
入院的第二天，也就是 1 月 24 日上午接受了 "L4/5 椎管减压，椎弓根
钉内固定，后外侧植骨融合术" 手术，手术进行得很顺利。术后第 6
天，即 2006 年 1 月 30 日的中午 12 时，熊卓为出现呼吸困难，医嘱给
予吸氧 6 小时。22 时 10 分，熊卓为的病情突然急转直下，下床只走了
几米远就摔倒在地，并伴有恶心呕吐。病历记录显示，22 时 15 分，熊
卓为感到呼吸困难；22 时 17 分，熊卓为无自主呼吸，无神志。医务人
员对熊卓为施行心肺复苏，并将她送入重症监护病房。据北大医院记

录，熊卓为病情加重后，主治医师刘宪义第一个赶来，值班的住院医师于峥嵘随后赶来。于峥嵘立刻将情况通知了心外科、心内科、骨科等各科室。据病历记载，当晚多个科室的主任、副主任参与了抢救，还邀请了阜外医院的正副院长参与抢救，然而数小时的抢救依然未能挽回熊卓为的生命。《死亡志》记录：熊卓为于2006年1月31日4时50分抢救无效，宣布死亡。医院的死亡诊断为急性肺栓塞，这是一种一旦发生死亡率极高的手术并发症。

医学院学生"非法行医"之争：

王建国向北京市卫生监督所举报北大医院违反《医疗机构管理条例》第二十八条关于"医疗机构不得使用非卫生技术人员从事医疗卫生技术工作"的规定，属于非法行医。北京市卫生监督所在2008年4月给王建国出具了一份复函。复函说：2008年4月1日，北京市卫生监督所组织卫生执法人员对北京大学第一医院进行了现场检查。经查北京大学第一医院于2006年1月23日至31日在对患者熊卓为治疗期间，使用了未取得《医师执业证书》的医学院校的研究生于峥嵘、段鸿洲、肖建涛从事诊疗活动，从调取的临床病历记载中，未发现上级医师对上述3名实习生指导的签字，该行为违反《卫生部关于医学生毕业后暂未取得医师资格从事诊疗活动有关问题的批复》的规定。但是根据《中华人民共和国行政处罚法》，违法行为在两年内未被发现的，不再给予行政处罚。因此，卫生监督所仅就北大医院的违法行为下达了《卫生监督意见书》，未实施行政处罚。

2010年4月28日，北京市高级人民法院对此案作出终审判决，法院并未在判决书中认定北大医院"非法行医"，并表示"治疗医师资质问题对于法院确认医院是否应当承担民事赔偿责任并无直接关联"。

争议焦点:

2007 年 10 月,熊卓为丈夫王建国及熊卓为母亲管慧英将北大医院诉至北京市第一中级法院,索赔 540 余万元。医患双方对于针对熊卓为的诊疗行为是否存在过错等存在明显的争议。在王建国看来,熊卓为的死亡,北大医院主要存在三大过错。首先熊卓为病情不重,医院不该为其施行手术,如果没有手术,熊卓为就不会死亡;其次对于术后血栓,北大医院未能事先预防、周密监测、及时发现、及时正确处理;最后,在 1 月 30 日当晚,医生没有及时为熊卓为开胸取血栓,反而在心肺复苏过程中暴力按压,导致其肋骨骨折,内脏损伤,继而出血性休克,这也是导致熊卓为死亡的重要因素。而北大医院则认为其诊疗行为无任何过错。

鉴定意见:

司法鉴定对因果关系分析认为:北大医院对熊卓为采取手术治疗的适应症存在质疑;同时对围手术期深静脉血栓形成的认识不足,存在检测、预防及治疗等方面的缺陷,未能早期发现深静脉血栓形成;在出现肺动脉栓塞时,也未能及时发现并有效处理,致使病情进一步加重,同时抢救过程中出现心脏和肝破裂。综合分析,目前材料未能发现其他可以导致熊卓为死亡的因素,北大医院的上述医疗过失造成熊卓为死亡。

(五)医师"走穴"的法律风险

近年来,部分级别较低的医院或民营医院希望提升本医院的技术、知识水平和知名度,但由于自身医疗资源、能力的匮乏,便经常会在医疗活动中邀请级别较高医院的专家前往会诊,以指导其手术,参与其诊疗活动,即常说的院外会诊或"走穴"。

院外会诊一般有两种形式：一是合法程序下的会诊，由邀请会诊的医疗机构向会诊医疗机构发出邀请函，并履行法定的会诊程序，对患者的疾病给予诊断和治疗；《医师外出会诊管理暂行规定》第二条第一款规定，医师外出会诊是指医师经所在医疗机构批准，为其他医疗机构特定的患者开展执业范围内的诊疗活动。二是私自会诊，基层医疗机构限于自身的医疗技术水平，会请上级医疗机构的医生来本院开展诊疗和手术，也就是通常所说的"走穴"。"走穴"在基层已经成为一种约定俗成的行为和不合法的常态。《医师外出会诊管理暂行规定》第二条第二款规定，医师未经所在医疗机构批准，不得擅自外出会诊。根据上述规定，医师"走穴"属于非法院外会诊。

医生院外会诊中所涉及的主体，包括邀请医院、受邀医院、患者和会诊医师四方，其相互之间的法律关系各不相同。一般来说，邀请医院与患者形成医疗服务合同法律关系，而邀请医院与受邀医院之间则形成一种医疗技术服务合同关系。"走穴"中的受邀医院与邀请医院之间不产生任何法律关系。合法外出会诊中会诊医生的行为属职务行为，其与邀请医院之间不存在直接法律关系，但"走穴"医生与邀请医院之间实质上构成技术服务合同关系。受邀医院为邀请医院提供技术上的服务和指导，与患者不直接建立医疗服务合同关系；受邀医院仅向邀请医院负责，会诊医生诊疗行为的法律后果由邀请医院承担。我国《医师外出会诊管理暂行规定》虽然禁止医生的"走穴"行为，但只规定了针对"走穴"医师的行政处分或纪律处分，并未涉及造成患者损害时的责任分担。① 而对因"走穴"医生的医疗过错所导致的患者的损害后

---

① 刘峰，邓虹. 院外会诊的民事法律责研究［J］. 医学与法学，2012（5）.

果,《最高人民法院关于审理医疗损害责任纠纷案件适用法律若干问题的解释》第二十条规定:"医疗机构邀请本单位以外的医务人员对患者进行诊疗,因受邀医务人员的过错造成患者损害的,由邀请医疗机构承担赔偿责任。"

《中华人民共和国执业医师法》第十四条规定,医师经注册后,可以在医疗、预防、保健机构中按照注册的执业地点、执业类别、执业范围执业,从事相应的医疗、预防、保健业务。那么对于"走穴"医师在非经注册的执业地点行医的行为是否构成非法行医罪呢? 2016 年 12月 12 日最高人民法院审判委员会第 1703 次会议通过的《最高人民法院关于修改〈关于审理非法行医刑事案件具体应用法律若干问题的解释〉的决定》修正的规定情形,将执业医师的"走穴"行为排除在非法行医罪的法定情形之外。

四、不同等级医疗机构的法律风险

(一)我国不同等级医疗机构的法律风险现状

新中国成立后,我国卫生事业的发展开始从建立健全医疗服务体系入手。在城市,经过统一布局与规划,市、区两级医院和街道卫生所得以建立,初步形成了城市三级医疗服务体系。1984 年开始,按照当时原卫生部的部署,全国全面开展县和县以上城市医疗机构的改革。医院获得了更大的自主权,医院之间的竞争日趋激烈,为了提高竞争能力,各种医疗联合体蓬勃发展。1989 年,当时的卫生部发布了《医院分级管理办法》,开始根据医院的功能,分别制定不同的目标和标准进行管理。1994 年下发的《医疗机构设置规划指导原则》对医疗服务体系框架再次进行了明确，提出要设置层次清楚、结构合理、功能到位的一、二、三级医院，建立适合我国国情的分级医疗和双向转诊体系总体框架。目前，分级诊疗已成为"健康中国"战略的核心制度体系，并作为重塑我国医疗服务体系的重要内容。[1]

我国对医疗机构实行分级管理。根据《医院分级管理办法》，依据医疗机构功能、任务、设施条件、技术建设、医疗服务质量和科学管理的综合水平，将医疗机构分为一级、二级和三级医疗机构。一级医疗机构是直接为社区居民提供医疗、预防、康复、保健和健康教育综合服务的基层医院，系初级卫生保健机构。初级卫生保健机构主要是指社区卫生服务中心和乡镇卫生院，是公共卫生与医疗功能并重的机构。二级医疗机构是跨几个社区提供医疗卫生服务的地区性医院，是地区性医疗预防的技术中心。城市二级医院主要接收三级医院转诊的急性病恢复期患者、术后恢复期患者及危重症稳定期患者。县级医院主要提供县域内常见病、多发病诊疗，以及急危重症患者抢救和疑难复杂疾病向上转诊服务。三级医疗机构是跨地区、省、市以及向全国范围提供医疗卫生服务的医院，是具有全面医疗、教学和科研能力的医疗预防技术中心。城市三级医院主要提供急危重症和疑难复杂疾病的诊疗服务。

据统计数据显示，2014 年我国三级医院数量是二级医院数量的 1/3.5，是一级医院数量的 1/3.6，但承担着全国 50% 以上的诊疗任务。2014 年，三级医院诊疗人次数是二级医院诊疗人次数的 1.2 倍，是一级医院诊疗人次数的 7.6 倍，2014 年三级医院病床使用率是二级医院

---

[1] 谢宇，于亚敏，佘瑞芳等. 我国分级诊疗发展历程及政策演变研究 [J]. 中国医院管理，2017 (3).

病床使用率的 1. 2 倍，是一级医院病床使用率的 1. 7 倍。三级医院医师日均担负的诊疗任务重于二级医院和一级医院。①

　　龙晔研究了 333 家二级以上医疗机构，其中二级医疗机构 289 家，比例为 86.79%；三级医疗机构 44 家，比例为 13.21%。2008—2011 年发生在二级医疗机构的医疗纠纷数量分别为 2804 件、3090 件、2807 件和 2463 件，分别占纠纷发生总数比例为 62.51%、64.17%、61.79% 和 61.82%。其中发生在三级医疗机构的医疗纠纷数量分别为 1682 件、1725 件、1736 件和 1521 件，分别占纠纷发生总数比例为 37.49%、35.83%、38.21% 和 38.18%。该研究中的二级医院 289 所，共发生医疗纠纷 11164 件，年平均发生医疗纠纷 9.66 件；三级医院共 44 所，共发生医疗纠纷 6664 件，年平均发生医疗纠纷 37.86 件。两级医院各年平均医疗纠纷的发生件数存在明显差异，三级医院年平均发生件数高于二级医院。②

　　郭笑对 2012—2014 年度各级医院医疗纠纷发生总体情况进行统计学研究发现，三级医院医疗纠纷发生数量最多，一级医院数量最少，医院等级越高，发生医疗纠纷的可能性越大。同时调查结果亦显示，2012—2014 年每万例次业务量纠纷发生数量为 0.943 件，每百名医师纠纷发生数量为 4.675 件，平均每年度每万例次业务量纠纷数和每百名医师纠纷数与医疗纠纷发生的医院级别之间无统计学差异。③

---

①　方鹏骞. 中国医疗卫生事业发展报告 2015——中国公立医院改革与发展专题 [M]. 北京：人民出版社，2016：115.

②　龙晔. 湖南省 2008—2011 年二级以上医疗机构医疗纠纷分析和对策研究 [D]. 长沙：中南大学，2013.

③　郭笑. 河南省医疗纠纷现况调查及处理模式研究 [D]. 郑州：郑州大学，2017.

王冠南针对不同级别医疗机构医疗纠纷的赔付情况进行研究发现，2010—2014 年共赔付 7042.75 万元，其中三级医疗机构赔付 4093.25 万元、二级医疗机构赔付 2933.13 万元、一级医疗机构赔付 37.77 万元。从平均赔付情况来看，三级医疗机构为 2.06 万元，二级医疗机构为 3.14 万元，一级医疗机构为 1.75 万元。从上述数据可以看出，二级医疗机构的平均赔付金额明显高于其他级别医疗机构。①

本课题组研究发现，2013—2016 年安徽省医疗损害责任纠纷案例主要分布在二级和三级医疗机构，其中二级医疗机构发生医疗损害责任纠纷诉讼案例 459 例，约占总数的 44%；三级医疗机构为 411 例，占总数的 39.4%；一级医疗机构医疗损害责任纠纷诉讼案例数量则最少，为 173 例，占总数的 16.6%。2013—2016 年，不同级别医疗机构的医疗纠纷诉讼案例数量分布趋势与总体分布一致，呈现出逐年递增，但 2015 年度却呈下降的表现。

表 2　安徽省医疗损害诉讼案例的医疗机构级别分布

医疗机构级别	2013 年	2014 年	2015 年	2016 年	合计
一级	12	59	35	67	173
二级	36	156	87	180	459
三级	47	145	72	147	411

（二）医疗机构等级对医疗过错评价的影响

不同等级医疗机构在医务人员素质、设备条件、技术和管理能力等

---

① 王冠南. 2010 - 2014 年某市医疗纠纷情况及对策研究 [D]. 济南：山东大学，2016.

方面存在较大差异。一级医疗机构医务人员的执业素质和技术能力显然弱于三级医疗机构，因此，鉴定人员在评价执业医师是否尽到了医疗注意义务时，应综合考虑执业医师的学历、职称和医疗机构的软硬件条件等。《最高人民法院关于审理医疗损害责任纠纷案件适用法律若干问题的解释》第十六条规定："对医疗机构及其医务人员的过错，应当依据法律、行政法规、规章以及其他有关诊疗规范进行认定，可以综合考虑患者病情的紧急程度、患者个体差异、当地的医疗水平、医疗机构与医务人员资质等因素。"

案例 3-5

左某某诉阜阳创伤医院医疗损害责任纠纷一案

基本案情：

左某某因骑摩托车摔伤于 2013 年 12 月 30 日入住阜阳创伤医院住院治疗，经该院诊断为左胫骨上段粉碎性骨折伴血管神经损伤、左腓骨骨折伴腓骨小骨头脱位。于当天行切开复位内固定和植骨术以及血管神经探查术。2014 年 1 月 8 日，阜阳创伤医院建议左某某转上级医院。2014 年 1 月 9 日，左某某转入南京鼓楼医院治疗，诊断为左下肢坏疽和左胫腓骨上段骨折术后，并于当日对左某某进行截肢手术。2014 年 12 月 31 日，北京博大司法鉴定所作出〔2014〕临鉴字第 0876 号《司法鉴定意见书》，鉴定意见：（1）阜阳创伤医院为左某某诊治过程中存在医疗过失，其过失与左某某的损害后果之间存在一定因果关系，责任度为次要责任。（2）南京鼓楼医院对左某某医疗行为不存在过失。一审法院认为：公民享有生命健康权。患者在诊疗活动中受到损害，医疗机构及其医务人员有过错的，由医疗机构承担赔偿责任。左某某因车祸受伤在阜阳创伤医院住院治疗，双方由此建立了医疗法律关系。医疗损害赔偿责任的承担，是以医疗行为有无过错以及过错与损害后果之间有无因果关系为基本条件。北京博大司法鉴定所〔2014〕临鉴字第0876号司法鉴定意见书鉴定，阜阳创伤医院为左某某诊治过程中存在医疗过失，其过失与左某某的损害后果之间存在一定因果关系，责任度为次要责任，结合阜阳创伤医院的责任程度和本案实际情况，阜阳创伤医院应对左某某件的损失承担30%的赔偿责任。

左某某上诉称，阜阳创伤医院的诊疗行为已经鉴定过错参与度为35%—40%，一审判决阜阳创伤医院仅承担30%的赔偿责任没有依据。阜阳创伤医院辩称，左某某的伤残系由其自身伤害造成，阜阳创伤医院已尽到了相应的义务。阜阳创伤医院上诉称，左某某的损伤系其自身原因造成，阜阳创伤医院仅应在20%以内承担赔偿责任。左某某辩称，阜阳创伤医院的上诉无事实和法律依据。

本院经审理查明：北京博大司法鉴定所〔2014〕临鉴字第0876号《司法鉴定意见书》分析说明部分中，对阜阳创伤医院的医疗过失与被鉴定人左某某的损害后果间的因果关系及参与度表述为：考虑到左某某自身原有损伤的严重性和复杂性，阜阳创伤医院是二级医院，缺乏相应的技术、设备条件，结合医院的医疗过失情况，综合考虑认为，阜阳创伤医院的责任程度应为次要责任，建议参与度为35%—40%。

阜阳市中级人民法院认为，阜阳创伤医院对左某某的诊疗行为已经司法鉴定，鉴定意见书载明，左某某的伤情复杂，阜阳创伤医院作为二级医院缺乏相应的技术、设备条件，阜阳创伤医院为左某某诊治过程中存在医疗过失，其过失与左某某的损害后果之间存在一定因果关系，责任度为次要责任，建议参与度为35%—40%。对该鉴定意见书，双方当事人均无证据予以反驳，本院予以采信。阜阳创伤医院在不具备相应治疗条件的情况下依然收治左某某住院治疗10天，且无证据证明其过失与左某某的损害后果之间的参与度低于鉴定意见书的结论，一审法院仅采信司法鉴定意见书部分意见，判决阜阳创伤医院承担30%的责任不当，应予纠正。结合左某某的损伤原因及当事人的过错程度，阜阳创伤医院应对左某某的医疗费承担35%的赔偿责任。

五、不同性质医疗机构的法律风险

医疗机构根据其出资主体的不同，可以分为公立医疗机构和非公医疗机构。公立医疗机构是由各级政府或者国有企事业单位利用国有资产举办的非营利性质医院，其基本特征是具有公益性质，提供最基本的医疗服务，承担维护健康公平的社会责任。目前认为的公立医疗机构实际上是指医院等级在二级及以上的公立医院，包括综合性医院和专科性医院。

新医改实施以来，我国医疗供给资源迅速增长，公立医疗机构规模越来越大，医务人员劳动强度持续增加，医生"过劳死"事件时有发生，但看病难问题仍然没有得到有效缓解。随着我国人民群众收入增加、生活水平提高、医疗保障水平提升和人口老龄化加剧，居民有效医疗卫生需求得到明显释放。在分级诊疗体系还未建立之前，公立医疗机构面临巨大的服务供给压力。

目前，我国公立医疗机构和非公医疗机构的数量规模基本相当，分别占 51.48% 和 48.52%。从医疗机构床位规模来看，公立医疗机构床位数占主导地位，占比达 83.16%，非公医疗机构床位数占比约为 16.84%。从卫生技术人员的分布来看，2014 年全国共有卫生技术人员 7579790 人，公立与非公立医疗机构分别占 83.63% 和 16.37%。从资产规模来分析，2014 年全国公立医疗机构资产达 26758.28 亿元，占全国总资产的 92.10%。公立医疗机构资产是非公医疗机构的 11.65 倍。①

本课题组研究发现，2013—2016 年安徽省医疗损害责任纠纷案例发生在公立医疗机构共 893 件，占全部医疗损害责任纠纷案件总数约 85.6%，而非公医疗机构则仅占 14.4%，详见表 3。

表 3　安徽省医疗损害诉讼案例的医疗机构性质分布

医疗机构性质	案例数（例）	构成比（%）
公立医疗机构	893	85.6%
非公医疗机构	150	14.4%

工冠南调查研究发现，医疗纠纷主要发生在公立医疗机构，共 2899 例，占到了 97.48%，而私营医疗机构累计发生了 8 例，占 2.52%。从医疗纠纷发生趋势来看，公立医疗机构自 2010—2012 年逐渐上升，2013 年后上升幅度明显增加。而私立医疗机构 2010—2012 年每年发生纠纷少于 10 例，2013 年后增至 29 例，2014 年则增长到 34

---

①　方鹏骞. 中国医疗卫生事业发展报告 2015——中国公立医院改革与发展专题［M］.
　　北京：人民出版社，2016：18-20.

例，但两类医疗机构每年纠纷发生构成比变化不明显，说明不管公立医疗机构还是私营医疗机构 2013 年后增幅都同时增加。① 所以可以看出，每年医疗纠纷主要发生在公立医疗机构，且每年呈明显的上升趋势。其研究结果与本课题组研究结论基本一致，即公立医疗机构产生医疗纠纷的比例远超非公医疗机构。但两项研究结果中公立医疗机构和非公医疗机构发生医疗纠纷比例上的统计学差异，可能是由于不同省份之间的地区差异、市区和农村差异等多重因素所造成的。

---

① 王冠南.2010－2014 年某市医疗纠纷情况及对策研究［D］.济南：山东大学，2016.

第四章

医疗机构不同诊疗科目的法律风险

自中华人民共和国成立至 20 世纪 80 年代中期，我国的医疗机构管理法规中一直没有诊疗科目管理的内容。这一时期诊疗科目的设立主要由医疗机构根据当地居民对医疗服务的实际需求以及该医疗机构自身的条件和能力决定。国家卫生行政机关不直接干预医疗机构如何设立诊疗科目的行为。我国对诊疗科目的管理始于 1988 年原卫生部和国家中医药管理局发布的《医师、中医师个体开业暂行管理办法》，该办法第十二条规定："个体开业医师、中医师应严格按批准的地点、诊疗科目及业务范围执业，变更地点、诊疗科目、业务范围和诊所名称，应报发照机关批准。"该办法实施至今，卫生行政机关虽然对个体开业医师的诊疗科目进行核定和管理，但由于这一时期的诊疗科目管理尚未形成一套完整的制度，因此，在执行过程中遇到了不少问题。①

---

① 王羽，卓小勤，贾培旗. 医疗机构诊疗科目管理制度［J］. 中华医院管理杂志，1994（12）.

一、诊疗科目

1994 年 2 月 26 日，国务院颁布《医疗机构管理条例》。为了更好地实施《医疗机构管理条例》，统一医疗机构诊疗科目分类标准。1994 年 9 月 5 日，原卫生部发布了《医疗机构诊疗科目名录》作为诊疗科目管理的基本制度规范。《医疗机构诊疗科目名录》依据临床一、二级学科及专业名称，包括部分预防保健学科编制，界定了目前我国允许开设的诊疗科目的范围和种类，并统一了诊疗科目的名称，它不仅是公民、法人和其他组织设置医疗机构时申请核定诊疗科目的依据，而且是医疗机构设置审批机关和登记注册机关核定和登记诊疗科目的法律依据。

二、诊疗科目分类

《医疗机构诊疗科目名录》目前共列出了 35 个一级科目和 130 个二级科目。一级科目一般相当临床一级学科，如"内科""外科"等。二级科目一般相当临床二级学科，如"呼吸内科""消化内科"等。其中地方病科、肿瘤科、康复医学科等 15 个一级科目尚未列二级科目，各级卫生行政机关在核准登记和变更登记医疗机构诊疗科目时，对于未被列入的二级诊疗科目，可以根据实际情况予以核准登记或者变更登记；已经列出二级科目的，在实施中发现有遗漏的，可在"其他"项中解决。

为了不断补充和完善《医疗机构诊疗科目名录》的内容，原卫生部将适时增添新的医疗机构诊疗科目，并在该《医疗机构诊疗科目名录》实施一段时间后对它进行修订和重新颁布。2007 年 7 月 16 日，《卫生部关于在〈医疗机构诊疗科目名录〉中增加"疼痛科"诊疗科目的通知》卫医发〔2007〕227号规定，第一，在《医疗机构诊疗科目名录》（卫医发〔1994〕第27号文附件1）中增加一级诊疗科目"疼痛科"，代码："27"。"疼痛科"的主要业务范围为：慢性疼痛的诊断治疗。第二，开展"疼痛科"诊疗科目诊疗服务的医疗机构应有具备麻醉科、骨科、神经内科、神经外科、风湿免疫科、肿瘤科或康复医学科等专业知识之一和临床疼痛诊疗工作经历及技能的执业医师。第三，目前，只限于二级以上医院开展"疼痛科"诊疗科目诊疗服务。具有符合本通知第二条规定条件执业医师的二级以上医院可以申请增加"疼痛科"诊疗科目。门诊部、诊所、社区卫生服务机构、乡镇卫生院等其他类别医疗机构暂不设立此项诊疗科目。第四，拟增加"疼痛科"诊疗科目的二级以上医院应向核发其《医疗机构执业许可证》的地方卫生行政部门提出申请，地方卫生行政部门应依法严格审核，对符合条件的予以登记"疼痛科"诊疗科目。第五，医疗机构登记"疼痛科"诊疗科目后，方可开展相应的诊疗活动。开展"疼痛科"诊疗科目诊疗服务应以卫生部委托中华医学会编写的《临床技术操作规范（疼痛学分册）》《临床诊疗指南（疼痛学分册）》等为指导，确保医疗质量和医疗安全。

2009年1月19日，原卫生部发布关于在《医疗机构诊疗科目名录》中增加"重症医学科"诊疗科目的通知（卫医政发〔2009〕号）规定，第一，在《医疗机构诊疗科目名录》（卫医发〔1994〕第27号文附件1）中增加一级诊疗科目"重症医学科"，代码："28"。重症医学科的主要业务范围为：急危重症患者的抢救和延续性生命支持；发生多器官功能障碍患者的治疗和器官功能支持；防治多脏器功能障碍综合征。第二，开展"重症医学科"诊疗科目诊疗服务的医院应当有具备内科、外科、麻醉科等专业知识之一和临床重症医学诊疗工作经历及技能的执业医师。第三，目前，只限于二级以上综合医院开展"重症医学科"诊疗科目诊疗服务。具有符合本通知第二条规定的二级以上综合医院可以申请增加"重症医学科"诊疗科目。第四，拟增加"重症医学科"诊疗科目的医院应当向核发其《医疗机构执业许可证》的地方卫生行政部门提出申请，地方卫生行政部门应当依法严格审核，对符合条件的予以登记"重症医学科"诊疗科目。第五，"重症医学科"诊疗科目应当以卫生部委托中华医学会编写的《临床技术操作规范（重症医学分册）》和《临床诊疗指南（重症医学分册）》等为指导开展诊疗服务。第六，从事"重症医学科"诊疗服务的医师应当向卫生行政部门重新申请核定医师执业范围；卫生行政部门根据医师申请和医院证明材料，对符合第二条规定医师的执业范围核定为"重症医学科"。第七，二级以上综合医院原已设置的综合重症加强治疗科（病房、室）（ICU）应重新申请"重症医学科"诊疗科目登记，并更改原科室名称为重症医学科。目前设置在专科医院和综合医院相关科室内的与本科重症患者治疗有关的病房，如内或外科重症加强治疗科（内科或外科ICU）、心血管重症监护病房（CCU）、儿科重症监护病房（PICU）等可以保留，中文名称统一为XX科重症监护病房（室），继续在相关专业范围内开展诊疗活动，其医师执业范围不变。第八，设置"重症医学科"的医院要按照我部有关规定严格科室管理，确保医疗质量和医疗安全，并采取有效措施加强重症医学专业人才培养和重症医学学科建设，促进其健康发展。第九，未经批准"重症医学科"诊疗科目登记的医疗机构不得设置重症医学科；相关科室可以设置监护室、抢救室等开展对本科重症患者的救治。

三、不同诊疗科目的法律风险

（一）一级诊疗科目的法律风险

课题组研究发现，2013—2016 年安徽省医疗损害责任纠纷案例所涉及的一级诊疗科目中，其中外科、妇产科、内科位列前三名，分别为32.62%、20.73%和17.22%；其次为耳鼻咽喉科、急诊医学科、皮肤科、小儿外科、儿科，分别为 4.62%、2.66%、2.66%、2.24% 和2.1%。结核病科、地方病科、运动医学科、职业病科、临终关怀科、特种医学与军事医学科、医学检验科和民族医学科均未发现存在医疗损害诉讼案例，详见表4。

表4　安徽省医疗纠纷案例的一级诊疗科目分布

一级诊疗科目名录	案例数（例）	构成比（%）
01 预防保健科	13	1.25%
02 全科医疗科	3	0.28%
03 内科	180	17.22%
04 外科	340	32.63%
05 妇产科	216	20.73%
06 妇女保健科	6	0.56%
07 儿科	22	2.1%
08 小儿外科	23	2.24%
09 儿童保健科	10	0.98%
10 眼科	12	1.12%
11 耳鼻咽喉科	48	4.62%
12 口腔科	20	1.96%
13 皮肤科	28	2.66%

续表

一级诊疗科目名录	案例数（例）	构成比（%）
14 医疗美容科	9	0.84%
15 精神科	12	1.12%
16 传染科	9	0.84%
17 结核病科	0	0%
18 地方病科	0	0%
19 肿瘤科	12	1.12%
20 急诊医学科	28	2.66%
21 康复医学科	10	0.98%
22 运动医学科	0	0%
23 职业病科	0	0%
24 临终关怀科	0	0%
25 特种医学与军事医学科	0	0%
26 麻醉科	5	0.48%
30 医学检验科	0	0%
31 病理科	10	0.98%
32 医学影像科	12	1.12%
50 中医科	4	0.42%
51 民族医学科	0	0%
52 中西医结合科	11	1.05%

　　宋方芳[1]调查 2010—2012 年绍兴市某三甲医院投诉管理科立案登记处理的医疗纠纷案例。研究发现，2010—2012 年共计发生医疗纠纷

---

[1]　宋方芳，余瑛徐，丹红等 . 152 例医疗纠纷的调查分析［J］. 中医药管理杂志，2013（11）.

案例数 152 例，经统计发现，外科系统发生医疗纠纷比例最高，其次为内科系统和门急诊，后勤和辅助科室最少。其中，外科系统发生医疗纠纷案例数为 94 例，占总医疗纠纷案例数的 61.8%；内科系统发生医疗纠纷案例数为 36 例，占比 23.7%。其研究结果与本课题组研究结论总体一致，但存在部分差异。课题组研究发现：2013—2016 年安徽省发生的医疗纠纷案例涉及的一级诊疗科目中外科占第一位，妇产科占医疗诉讼案件数的第二位，内科则占医疗纠纷案件数的第三位。之所以出现上述差异可能是因为两项研究涉及的医疗机构等级和样本数的差异所导致的。

从广州市医疗纠纷所涉及的相应科室来看，临床科室共有 473 起，占总数目的 90%，手术科室（含外科、妇产科、骨科在内）共计 294 起，占 56.63%。其中，外科含骨科共发生医疗纠纷 217 起，占总数 41.73%；内科 116 起，占总数 22.31%；妇产科 77 起，占总数 14.8%；儿科 40 起，占总数 7.69%；五官科 24 起，占总数 4.62%；医技科室 17 起，占比 3.27%，其他科室则为 29 起，占比 5.58%。① 上述研究结果与本课题研究结论基本一致，即以外科和妇产科为主的一级诊疗科目系医疗纠纷的高风险科室。褚建欣调取 2013 年 1 月—2015 年 9 月天津市医学会受委托组织鉴定的 104 例医疗损害鉴定书，研究发现：104 例医疗损害鉴定共涉及 28 个首诊科室，构成医疗损害的鉴定共涉及 16 个首诊科室，主要集中于外科、骨科、产科、内科、急诊、儿科等科

---

① 李圣杰.广州市公立医院医疗纠纷危机管理案例研究［D］.广州：电子科技大学，2013.

室。① 与本课题研究结论基本一致。

（二）内科项下二级诊疗科目的法律风险现状

依据《医疗机构诊疗科目名录》的规定，二级诊疗科目一般相当于临床二级学科，如呼吸内科、消化内科等。由表5可知，2013—2016年安徽省医疗损害责任纠纷案例所涉及的一级诊疗科目内科项下二级诊疗科目分布情况为心血管内科、神经内科、消化内科排前三位，分别为22.78%、20%和18.33%。

表5　内科项下二级诊疗科目分布情况

内科项下二级诊疗科目	案例数（例）	构成比（%）
03.01 呼吸内科专业	16	8.89%
03.02 消化内科专业	33	18.33%
03.03 神经内科专业	36	20%
03.04 心血管内科专业	41	22.78%
03.05 血液内科专业	5	2.78%
03.06 肾病学专业	21	11.67%
03.07 内分泌专业	17	9.44%
03.08 免疫学专业	0	0%
03.09 变态反应专业	0	0%
03.10 老年病专业	11	6.11%
03.11 其他	0	0%

① 褚建欣. 天津市104例医疗损害鉴定结论的调查与分析 [J]. 职业与健康，2016 (11).

　　慕媛，韩晨光①以医疗损害和医疗纠纷为案由，2006 年 1 月 1 日至 2016 年 12 月 31 日为判决时间，在中国裁判文书网检索某市纠纷案例公示数据，采用 SPSS13.0 统计软件建立数据库研究发现：167 例医疗损害责任纠纷案件涉及内科项目二级诊疗科目为呼吸内科、心血管内科各 9 例，神经内科各 6 例，其心血管内科和呼吸内科均占 5.39%，神经内科占 3.59%。其研究结论与本课题研究结论基本一致，证明心血管内科系承受最高法律风险的内科项之二级诊疗科目，神经内科次之。

　　石镁虹，章桦，程琴②在中国裁判文书网中以医疗损害为案由、以 2013 年 1 月 1 日至 2015 年 3 月 31 日为判决时间，共搜索到 9002 份判决书。排除调解、撤诉、驳回的案例和纠纷原因、医院责任、损害结局、赔偿金额等重要信息缺失的案例后，最终确定样本 5012 例。其中呼吸内科发生医疗损害诉讼案例 187 例，占总样本数的 3.7%，系内科项下二级诊疗科目医疗法律风险最高的科室；心血管内科发生医疗诉讼案例 162 例，占比 3.2%。其研究结论与本研究结果不一致。出现上述结论差异可能系由研究地域范围和时限范围不同所导致的。

---

　①　慕媛，韩晨光．某市 167 例法院受理医疗损害责任案例成因分析与防范［J］．解放军预防医学杂志，2017（4）．

　②　石镁虹，章桦，程琴．5012 例医疗损害纠纷的成因、分布及赔偿情况分析［J］．医学与法学，2015（6）．

案例 4 - 1

消化内科医疗损害责任纠纷案

潘某某诉淮北矿工总医院集团医疗损害责任纠纷一案

基本案情：

2011 年 8 月 25 日至 2011 年 9 月 20 日，潘某某因消瘦、多汗、胸闷等在淮北矿工医院住院 26 天，出院诊断为甲状腺功能亢进症。2013 年 12 月 9 日至 2014 年 1 月 1 日，潘某某因胸闷、胸痛在淮北矿工医院住院，被诊断为：心绞痛、缺铁性贫血，没涉及肝脏问题。2014 年 1 月 24 日，潘某某因腹部不适，到淮北市超声中心做腹部 B 超，超声检查提示为慢性弥漫性肝损害（早期肝硬化）、脾大；2014 年 1 月 27 日，潘某某到上海东方肝胆医院检查，结果为：肝硬化、脾大、胃底静脉曲张。2014 年 1 月 28 日，潘某某到上海第二军医大学附属长海医院门诊检查，诊断为干燥综合征。2014 年 1 月 29 日至 2014 年 2 月 15 日，潘某某在上海交通大学医学院附属仁济医院（西部）住院治疗，入院诊断为干燥综合征、肝硬化、甲状腺功能亢进症。2014 年 4 月 16 日至 2014 年 4 月 19 日，潘某某在上海仁济医院（东部）复查住院，出院诊断为原发性胆汁性肝硬化、肝硬化、干燥综合症、甲状腺功能亢进症。2014 年 8 月 7 日，经当事人申请，法院依法委托了南京医科大学司法鉴定所就矿工医院对潘某某的诊疗行为是否存在过错；如存在医疗过错，与潘某某目前的疾病之间是否存在因果关系及过错参与度；潘某某在矿工医院治疗所花费的治疗费用是否为合理之处进行司法鉴定。该鉴定所出具了南医大司鉴所〔2014〕书鉴字第179号鉴定意见书，鉴定意见为：第一，淮北矿工医院在潘某某首次住院时对其肝功能异常未完善进一步检查，出院时未嘱随诊肝功能，未尽到谨慎注意义务，存在诊疗过失，对潘某某肝脏疾病的控制有一定不良影响；潘某某二次就诊淮北矿工医院存在对"干燥综合症征"及"原发性胆汁性肝硬化"漏诊的过失，但患者紧接着去其他医院就诊，延误治疗的影响不大。综合考虑该院上述诊疗过失为间接、次要因素，建议参与度16%—44%（仅供法庭参考）。第二，潘某某两次在淮北矿工医院住院期间的治疗及用药基本上针对所诊断疾病之需，未违反临床常规，属合理范畴。

法院认定事实：

法院认为，潘某某因身体不适到淮北矿工医院住院治疗，双方因此形成医疗服务合同关系。淮北矿工医院在对潘某某的诊疗过程中存在一定的过错，根据南医大司鉴所〔2014〕书鉴字第179号鉴定意见书，本院酌定淮北矿工医院按照30%的比例对潘某某的损失进行赔偿。

（三）外科项下二级诊疗科目的法律风险现状

依据《医疗机构诊疗科目名录》的规定，二级诊疗科目一般相当于临床二级学科，如普通外科、神经外科等。由表6可知，2013—2016年安徽省医疗损害责任纠纷案例所涉及的一级诊疗科目外科项下二级诊疗科目分布情况为骨科专业（40.59%）、普通外科专业（38.24%）占绝大多数，合计达78.83%。整形外科专业和心脏大血管外科专业合计则仅占1.47%，详见表6。

表6 外科项下二级诊疗科目分布情况

外科项下二级诊疗科目	案例数（例）	构成比（%）
04.01 普通外科专业	130	38.24%
04.02 神经外科专业	30	8.82%
04.03 骨科专业	138	40.59%
04.04 泌尿外科专业	10	2.94%
04.05 胸外科专业	21	6.18%
04.06 心脏大血管外科专业	3	0.88%
04.07 烧伤科专业	6	1.76%
04.08 整形外科专业	2	0.59%
04.09 其他	0	0%

项剑等分析整理 2008—2010 年，由法大法庭科学技术鉴定研究所受理并出具明确鉴定意见的医疗损害鉴定案例中筛选出涉及外科的案件112 例进行分类研究发现，涉及普外科 44 例，骨科 25 例，神经外科 21例，心胸外科 14 例，脊柱外科 8 例，其中普外科占总数的 39.28%，骨科占总数的 22.32。普外科在外科项下的二级诊疗科目中是法律风险最高的科室，骨科次之。不同于本研究项目结论，存在些微差异，即骨科法律风险高于普外科，这可能是由于研究资料样本数的差异所导致的，但两项研究结论均肯定了骨科和普外科系外科项目二级诊疗科目最高的科室。

蔡梓薇，何宁①以天津市医学会 2013—2017 年 87 例构成医疗损害的涉及外科诊疗活动的鉴定为基础，分析其医疗损害分布特征时发现，

① 蔡梓薇，何宁. 外科医疗损害事件分布特征分析 87 例［J］. 继续医学教育，2018（11）.

68

从发生医疗损害事件的首诊二级科室来看，骨科、普外科、泌尿外科是外科医疗损害的三大高发科室，分别为35例（40.23%）、普外科21例（24.14%）、泌尿外科11例（12.64%），发生在这三个科室的外科医疗损害事件约占总数77.01%，与本课题组研究结论基本一致。骨科、普外科、泌尿外科是外科医疗损害事件的高发科室，医疗机构应加强重点科室的服务质量管理。针对这3个临床科室的特点和医疗损害事件发生的共性原因，制定专门的科室风险控制方案与制度，随时关注重点科室医疗服务质量与患者投诉情况，并对重点科室的医护人员进行重点培训，有针对性提高高危科室整体质量水平。

案例 4 - 2

骨科医疗损害责任纠纷案

桑某某诉明光市中医院医疗损害责任纠纷一案

基本案情：

2015年5月24日，原告桑某某因外伤致右肘部肿痛畸形，入住被告明光市中医院治疗，被诊断为：右肱骨内上踝骨折，于2015年5月28日在气静全麻下进行右肱骨内上踝骨折切复张力带内固定术，术后出现右前臂疼痛明显症状，原告于2015年5月29日转至滁州市医结合医院继续治疗，被诊断为：右肱骨内踝骨折术后、右侧尺神经损伤。住院期间行右尺神经探查、松解、前置 + 右肱骨内踝骨折切开复位内固定术，于2015年6月2日出院。2015年9月10日，原告入复旦大学附属华山医院治疗，期间行右侧尺神经探查松解前置术，肱骨骨折内固定取出术，于 2015 年 9 月 21 日出院。

司法鉴定：

审理中，法院依法委托南京医科大学司法鉴定所进行鉴定。该所经鉴定出具南医大司鉴所〔2016〕书鉴字第 39 号鉴定意见书，意见为：第一，根据现有材料，被告明光市中医院在对原告手术过程中未尽到谨慎注意义务，对其易受损尺神经的保护措施不到位、原告术后出现病情变化后亦未及时考虑其尺神经损伤可能，诊疗思路狭窄，延误加重病情，存在诊疗过失，与患者尺神经损害后果之间存在主要因果关系，参与度为 56%—75%。第二，关于伤残等级：桑某某术后尺神经损伤，右上臂遗留手术瘢痕，右手指功能受限，右手掌骨间肌萎缩。江苏省中医院神经肌电图提示右侧尺神经完全性损伤。桑某某右侧尺神经完全性损伤属十级伤残；第三，关于误工、护理、营养期限：结合案情临床治疗经过，桑某某术后尺神经损伤，一段时间内日常生活需他人帮助，并需加强营养促进机体康复，桑某某尺神经损伤的误工期限为 365 日，护理、营养期限分别为 90 日。

法院认定：

法院认为：公民的生命健康权受法律保护。原、被告双方形成医疗服务关系，医院应当对患者进行积极妥善的治疗。由于医疗行为具有较强的专业特性，对于医疗机构的诊疗行为是否存在过错以及医方过错参与度应依据专业鉴定机构给予的鉴定意见。本案中，关于明光市中医院的诊疗行为是否存在医疗过错等问题，根据南京医科大学司法鉴定所作出的鉴定意见，明光市中医院在对桑某某手术过程中未尽到谨慎注意义务，对其易受损尺神经的保护措施不到位、患者术后出现病情变化后亦未及时考虑其尺神经损伤可能；诊疗思路狭窄，延误加重病情，存在诊疗过失，与患者尺神经损害后果之间存在主要因果关系，参与度为56%—75%，根据本案案情，本院酌定明光市中医院的诊疗过失参与度为70%。

四、医疗机构超范围执业的法律风险

（一）医疗机构超范围执业的判断标准

依据我国《医疗机构管理条例》第二十七条的规定，超范围诊疗的违法性判断标准主要包括两类情形：第一，是超范围诊断；第二，是超范围治疗。正确理解《医疗机构管理条例》中的"诊疗"含义，是准确处理超范围诊疗行为的前提。虽然《医疗机构管理条例实施细则》第八十八条中对"诊疗活动"含义进行了解释，但是对超范围诊疗的违法定性尚存在不足。一般来说，超范围诊断和超范围治疗之间存在交叉竞合关系，那判断是否存在超范围执业行为的依据是只要存在超范围诊断或超范围治疗行之一呢？还是两者兼而有之呢？郑玮认为，只要存在两大要素之一就可认定为超范围诊疗行为。①

（二）医疗机构超范围执业的民事法律责任

医疗机构在卫生行政管理部门核准登记注册的诊疗科目范围内从事执业活动，系每个医疗机构合法执业的前提，也是患者生命健康权的保证。依据《中华人民共和国侵权责任法》第五十八条规定，"患者有损害，因下列情形之一的，推定医疗机构有过错：（一）违反法律、行政法规、规章以及其他有关诊疗规范的规定。"《最高人民法院关于审理

---

① 郑玮. 医疗机构超范围诊疗在执法实践中的思考［J］. 中国农村卫生事业管理，2012（1）.

医疗损害责任纠纷案件适用法律若干问题的解释》第十六条规定，"对医疗机构及其医务人员的过错，应当依据法律、行政法规、规章以及其他有关诊疗规范进行认定，可以综合考虑患者病情的紧急程度、患者个体差异、当地的医疗水平、医疗机构与医务人员资质等因素。"综合上述法律和司法解释的规定，判定医疗机构和医务人员是否存在过错的依据为法律、行政法规、规章和诊疗规范。《医疗机构管理条例》属于国务院颁布的行政法规，依据《中华人民共和国侵权责任法》第五十八条的规定，医疗机构超范围执业，属于违反行政法规的违法行为，应推定医疗机构存在过错，应承担相应的民事责任。

案例 4-3

医疗机构超范围执业医疗损害责任纠纷案例

田某某诉阜阳万生医院医疗损害责任纠纷一案

基本案情：

2013 年 5 月 28 日 11：45，原告田某某以"G_6P_3 孕 38 周、不规则腹痛 2 小时余"入住阜阳万生医院待产，进行相关检查后于当日 19：10 在会阴侧切下助娩一女活婴，5 月 29 日 10：20 出院，出院诊断：$G_6$$P_4$ 孕 38 周分娩 ROA，活女婴，妊娠合并贫血，妊娠期高血压。6 月 13 日 8：40 田某某以"孕后 15 天，阴道持续出血 15 天，量多 3 小时"，由 120 急诊送入阜阳市第五人民医院诊疗，予清宫术后因子宫仍持续性出血行经腹"次全子宫切除术"，后于 6 月 22 日出院，出院诊断：晚期

产后出血，失血性贫血，胎盘残留，妊娠期高血压疾病。2013年7月20日原告自行委托安徽公平司法鉴定所对万生医院的医疗损害责任和田某某的伤残等级、休息、营养、护理期限、劳动能力丧失程度进行鉴定，该所于2013年8月13日出具皖公平司〔2013〕临鉴字第1308号、第1418号、第1465号鉴定意见书，鉴定意见为：第一，阜阳万生医院在阜阳市卫生局行政审批科目中，无妇科和产科，私自设立产科，已经超出行政审批执业范围。阜阳万生医院对田某某的医疗行为应有过错。第二，田某某分娩出院后阴部一直出现血块，后又排出一块类似胎盘样的东西。后其亲属曾多次向阜阳万生医院妇产科医生反映出血情况，而未能认真对待，及时诊断、治疗，延误了10余天的诊治时机。后出现急性大失血，子宫切除严重后果。阜阳万生医院医疗行为与田某某损伤后果的相关参与度为100%。第三，田某某子宫全切，构成六级伤残。田某某子宫损伤后，休息期90日，营养期60日，护理期60日。田某某子宫切除术后，为部分丧失劳动能力。在本案审理期间，被告万生医院申请鉴定事项为：对阜阳万生医院的医疗行为与田某某的损害后果是否存在因果关系，申请人的过错及参与度、田某某的伤残等级（按《道路交通事故受伤人员伤残评定》）进行重新鉴定。经本院委托，南京金陵司法鉴定所于2014年3月22日作出宁金司〔2013〕临鉴字第4203号司法鉴定意见书，结论为：第一，阜阳万生医院对被鉴定人田某某的医疗行为属于违规行为。阜阳万生医院诊疗行为中存在一定的过错与过失，且上述过错、过失与被鉴定人田某某子宫次全切除之间存在大部分因果关系，建议参与度以70%—80%为宜；第二，被鉴定人田某某子宫部分切除构成九级伤残。

阜阳市颖州区人民法院认定：

阜阳市颖州区人民法院认为，公民的生命健康权受法律保护，本案的医患纠纷经过法医鉴定，确认被告在诊疗过程中存在医疗过失，该医疗过失与原告的人身损害后果存在大部分因果关系，被告依法应承担相应的赔偿责任。赔偿数额应按照一般人身损害赔偿的规定确定。南京金陵司法鉴定所宁金司〔2013〕临鉴字第4203号司法鉴定意见认定阜阳万生医院对田某某的医疗行为属于违规行为，阜阳万生医院诊疗行为中存在一定的过错与过失，与田某某子宫次全切除之间存在大部分因果关系，参与度为70%—80%；田某某子宫部分切除构成九级伤残。被告万生医院对此予以认可，本院予以认定。根据双方所举证据结合庭审的具体情况，本院酌定被告赔偿原告各项损失的80%。

（三）医疗机构超范围执业的行政法律责任

1994年9月1日，国务院颁布实施的《医疗机构管理条例》第二十七条和第四十七条规定："医疗机构必须按照核准登记的诊疗科目开展诊疗活动。""违反本条例第二十七条规定，诊疗活动超出登记范围的，由县级以上人民政府卫生行政部门予以警告，责令其改正，并可以根据情节处以3000元以下的罚款，情节严重的，吊销其《医疗机构执业许可证》。"

随着我国医疗服务市场的开放和营利性医疗机构的快速发展，在卫生行政监督管理过程中，发现医疗服务市场不断出现超出核准登记诊疗科目的违法医疗行为。医疗机构超出登记的诊疗科目范围开展诊疗活动是医疗卫生监督中常见的违法行为，尤其诊疗科目单一的诊所，该类违法行为具有一定的高发性和类型化特征。白林、冯殿卿对某市卫生行政部门登记注册的医疗机构超核准诊疗科目执业行为状况进行调查研究发现，医疗机构 5 年内超范围行医的平均次数为 0.238，其中 478 个机构没有被处罚过，占 85.20%，处罚次数为 1 次、2 次和 3 次的分别占 10.16%、2.32% 和 1.43%，处罚 4 次及 4 次以下的占 99.65%。①

2005 年 2 月 22 日，原卫生部在针对上海市卫生局的《关于医疗事故争议中超范围行医的性质认定问题的请示》（沪卫医政〔2004〕218号）的批复《卫生部关于医疗事故争议中超范围行医性质认定问题的批复》（卫医发〔2005〕63 号）中认为：该医疗机构是你局核准登记的全民、综合性医疗机构，其执业登记所核准的一级诊疗科目中有"外科"，但二级诊疗科目中没有"脑外科"。根据《医疗机构管理条例》（以下简称"条例"）及有关规定，其开展脑外科手术的行为是属于诊疗活动超过登记范围，不属于"非法行医"。因此，应根据"条例"第四十七条进行处理；由此引发的医疗事故争议应按照《医疗事故处理条例》处理。

五、医师超类别和范围执业的法律风险

执业医师超注册范围行医存在构成非法行医罪的刑事风险。长期以来，理论界和司法实践界对《中华人民共和国刑法》第336条第1款中规定的"未取得医生执业资格的人"存在不同的理解，相应的司法解释也不尽完善。尤其是依法取得执业医师资格，但超范围执业的医务人

---

① 白林，冯殿卿.医疗机构超核准诊疗科目执业影响因素分析研究［J］.中国药物与临床，2013（12）.

员能否认定为非法行医罪主体，这在我国司法实践中尚存在较大争议。

（一）医师执业类别和范围的法律规定

2011 年 6 月 12 日，原卫生部、中医药局颁布的《关于医师执业注册中执业范围的暂行规定》规定，将医师执业类别分为：临床类别、口腔类别、公共卫生类别和中医类别四个类别。医师执业范围系确定执业类别前提下的具体分类。临床类别医师执业范围包括：内科专业；外科专业；妇产科专业；儿科专业；眼耳鼻咽喉科专业；皮肤病与性病专业；精神卫生专业；职业病专业；医学影像和放射治疗专业；医学检验、病理专业；全科医学专业；急救医学专业；康复医学专业；预防保健专业；特种医学与军事医学专业；计划生育技术服务专业；省级以上卫生行政部门规定的其他专业。口腔类别医师执业范围包括：口腔专业；省级以上卫生行政部门规定的其他专业。公共卫生医师执业范围包括：公共卫生类别专业；省级以上卫生行政部门规定的其他专业。中医类别（包括中医、民族医、中西医结合）医师执业范围包括：中医专业；中西医结合专业；蒙医专业；藏医专业；维医专业；傣医专业；省级以上卫生行政部门规定的其他专业。

医师注册后有下列情况之一的，不属于超范围执业：对病人实施紧急医疗救护的；临床医师依据《住院医师规范化培训规定》和《全科医师规范化培训试行办法》等，进行临床转科的；依据国家有关规定，经医疗、预防、保健机构批准的卫生支农、会诊、进修、学术交流、承担政府交办的任务和卫生行政部门批准的义诊等；省级以上卫生行政部门规定的其他情形。

（二）医师超类别、范围执业的民事法律责任

医师作为在医疗机构注册的执业人员，其必须按照注册登记的执业

类别和执业范围进行执业活动。医师超类别和范围执业属于违反《中华人民共和国执业医师法》的违法行为。依据《中华人民共和国侵权责任法》第五十八条和《最高人民法院关于审理医疗损害责任纠纷案适用法律若干问题的解释》第十六条的规定，应认定医师的诊疗行为存在过错。

案例 4 - 4

医疗机构使用非卫生技术人员的医疗损害责任纠纷案例

刘某某诉阜阳市红十字骨科医院医疗损害责任纠纷一案

基本案情：

2012 年 1 月 20 日，刘某某因左尺桡骨骨折入住阜阳市红十字骨科医院，实施切开复位内固定术。2013 年 9 月，刘某某因钢板断裂和骨不连申请阜阳市医学会鉴定，经鉴定，阜阳市红十字骨科医院对刘某某的损害后果承担主要责任。2014 年 2 月 8 日，经安徽中天司法鉴定中心鉴定，刘某某构成十级伤残、营养期 90 日、护理期限 120 日和取内固定费用 14000 元。2014 年 4 月 28 日，刘某某向一审法院提起诉讼，该院委托安徽新某蒂克司法鉴定中心对本案重新鉴定。2014 年 9 月 22 日，该鉴定中心出具意见书，认为阜阳市红十字骨科医院对刘某某的治疗行为存在过错，该过错与刘某某钢板断裂和骨不连的损害后果存在因果关系，参与度建议 45%—55%，构成十级伤残。后刘某某发现给其治疗的主治医师赵某因伪造医师资格证，医师执业证被吊销，便撤回起诉。

2014 年 12 月 24 日，刘某某以阜阳市红十字骨科医院无行医资质行医，给其造成损害为由，再次诉至一审法院。2014 年 7 月 8 日，阜阳市卫生局根据赵某伪造医师资格证的事实，作出〔2014〕0708001 号处罚决定书，吊销了赵某医师执业证书。一审法院认为：医疗机构执业必须取得医疗机构执业许可证，医务人员必须取得医师执业许可证，这是法律对医疗服务市场行医主体的基本要求，也是对患者生命健康权利的保障，根据《中华人民共和国医疗机构管理条例》第二十八条："医疗机构不得使用非卫生技术人员从事医疗卫生技术工作"的规定，医疗机构使用了非卫生技术人员从事医疗卫生技术工作，该非医疗技术人员的医疗行为又对患者造成人身损害，结合本案，赵某对刘某某的诊疗行为产生的不利后果应由阜阳市红十字骨科医院承担。故阜阳市红十字骨科医院关于对刘某某的医疗行为是合法行医、只承担 50% 的赔偿责任的辩解意见，依法不予支持，刘某某要求阜阳市红十字骨科医院承担全部赔偿责任的意见，依法予以支持。

　　阜阳市红十字骨科医院上诉称：赵某参与刘某某的治疗期间持有阜阳市颍州区卫生局核发的医师执业证书，直到 2014 年 7 月才被阜阳市颍州区卫生局认定为伪造而予以吊销，且给刘某某进行手术的医生是王某某，赵某只是参与辅助治疗，故其不存在使用非卫生技术人员，其不应对刘某某的全部损失承担责任。一审判决认定事实及适用法律错误，请求二审法院依法改判。刘某某辩称：一审判决认定事实清楚，适用法律正确，请求二审法院驳回上诉，维持原判。

　　法院认定事实：

　　本院认为：刘某某因左尺桡骨骨折于 2012 年 1 月 20 日到阜阳市红十字骨科医院住院治疗，其住院病历载明医师是赵某，入院记录、出院记录及病程记录均有赵某的签名。经阜阳市颍州区卫生局查明，赵某所持有的医师执业证书系伪造，并于 2014 年 7 月 8 日作出吊销赵某医师执业证书的行政处罚，故阜阳市红十字骨科医院构成使用非医疗技术人员，一审法院依照《中华人民共和国医疗机构管理条例》第二十八条的规定判决阜阳市红十字骨科医院对刘某某的损失承担全部责任正确。阜阳市红十字骨科医院上诉称给刘某某进行手术的医生是王某某，其未使用非医疗技术人员为刘某某治疗，但未提供充分证据予以证明，该上诉理由不能成立。综上，一审判决认定事实清楚，适用法律正确，应予维持。本案经本院审判委员会讨论决定，依照《中华人民共和国民事诉讼法》第一百七十条第一款第（一）项的规定，判决如下：驳回上诉，维持原判。

（三）医师超类别、范围执业的刑事法律责任

《中华人民共和国执业医师法》第十四条规定，医师经注册后，可以在医疗、预防、保健机构中按照注册的执业地点、执业类别、执业范围执业，从事相应的医疗、预防、保健业务。未经医师注册取得执业证书，不得从事医师执业活动。执业地点是指医师执业的医疗、预防、保健机构及其登记注册的地址。执业类别是指临床、中医（包括中医、民族医和中西医结合）、口腔、公共卫生。医师进行执业注册的类别必须以取得医师资格的类别为依据。医师依法取得两个或两个类别以上医师资格的，原则上只能选择一个类别及其中一个相应的专业作为执业范围进行注册，从事执业活动。医师不得从事执业注册范围以外其他专业的执业活动。

我国刑法第三百三十六条规定，未取得医生执业资格的人是非法行

医罪的主体。我国《医疗机构管理条例实施细则》第八十一条又规定，医疗机构使用卫生技术人员从事本专业以外的诊疗活动的，按使用非卫生技术人员处理。因此，医师超类别、范围执业是否认定为从事本专业以外的诊疗活动呢？并视为非卫生技术人员呢？

"卫生技术人员"来源于1986年原卫生部制定的《卫生技术人员职务试行条例》。中央职称改革工作领导小组根据改革职称评定和专业技术职务聘任制度，将卫生技术职务分为医、药、护、技四类，包括医疗、预防、保健人员，中药、西药人员，护理人员和其他卫生技术人员。而《医疗机构管理条例实施细则》将"卫生技术人员"界定为，按照国家有关法律、法规和规章的规定取得卫生技术人员资格或者职称的人员。

有学者认为超许可地点、超许可类别或超许可范围行医都属于违反执业医师法的规定，应该得到制约和相应的惩处。① 有学者认为针对上述违法行为给予行政处罚即可，因为超许可范围行医违反的是行政管理秩序，并不一定构成非法行医罪。② 笔者认为，依据最高人民法院2008年5月9日起施行的《关于审理非法行医刑事案件具体应用法律若干问题的解释》第一条第一款的规定，未取得或者以非法手段取得医师资格从事医疗活动的，应认定为刑法第三百三十六条第1款规定的"未取得医生执业资格的人非法行医"。同时依据刑法的罪刑罚法定原则，只要从事医疗行为的人员，以合法手段取得执业医师资格，即使存在超类

---

① 李盘生，陈亮，陈卫平等.论非卫生技术人员的认定及其法律适用［J］.中国卫生监督杂志，2004（2）.
② 蒋步锦，李扬，雎胜勇等.关于执业医师超注册范围行医是否构成非法行医罪主体的探讨［J］.中国医疗管理科学，2017（1）.

别或范围执业的行为，只应认定为行政违法，而不应以刑事犯罪论处。

六、医师非法设立医疗机构的法律责任

依据我国执业医师法的规定，医师应当在法定注册的执业地点依法执业，变更执业地点必须办理变更登记手续。医疗机构的设立和登记必须符合《医疗机构管理条例》的相关要求。根据我国《医疗机构管理条例》第十五条的规定，医疗机构执业，必须进行登记，并领取《医疗机构执业许可证》。私自设立医疗机构，医疗机构未经登记注册，实际经营人将承担相应的民事和行政法律责任。

案例 4 - 5

擅自设立医疗场所的民事责任案例

蒋某某诉崔某姝、宿州市第三人民医院等医疗损害责任纠纷一案

基本案情：

一审法院查明，2012 年 6 月 28 日，蒋某某因病经熟人介绍，由崔某某在位于宿州第三医院院内崔某某私设诊所内为蒋某某实施了血脂清除术。在治疗前及治疗期间，崔某姝向蒋某某宣传并出示印有崔某姝、崔某磊及宿州第三医院字样的名片，使蒋某某相信崔某姝、崔某磊是宿州第三医院的医生，并接受崔某姝、崔某磊的治疗，且崔某姝的私设诊所经营多年。2013 年 8 月 26 日，蒋某某感觉身体不适，就诊于永城市

人民医院，血检报告显示抗 HCV 阳性，HCV - RNA 阴性，经治疗，蒋某某于 2013 年 12 月 27 日出院。后蒋某某到宿州市埇桥区信访局进行信访，宿州市埇桥区卫生局埇卫函〔2013〕86 号答复意见按照卫生执法程序对崔某妹违反《中华人民共和国执业医师法》的行为作出了相应的行政处罚；崔某妹未取得《医疗机构执业许可证》擅自设立诊疗场所非法为他人进行血脂清除手术涉嫌对患者造成感染丙肝。蒋某某于 2012 年 2 月 15 日至 2012 年 5 月 12 日在永城市人民医院住院治病，未检查出感染丙肝。崔某妹执业证执业机构名称为曙光骨病专科诊所，崔某磊系宿州第三医院医生。一审法院认为：公民的健康权、生命权依法应受到保护。蒋某某在接受崔某妹实施的血脂清除术后感觉身体不适，经检查发现感染丙肝。蒋某某接受崔某妹实施的血脂清除术前，在永城市人民医院治疗脑梗塞住院期间的检验报告单中未发现患有感染丙肝相关证据，且崔某妹未能提供其在实施血脂清除术中不可能造成蒋某某感染丙肝的相关证据。据此，可推定系崔某妹在给蒋某某实施血脂清除术过程中致蒋某某感染丙肝。崔某妹在未取得《医疗机构执业许可证》的情况下，即在位于宿州第三医院院内的私设诊所为蒋某某实施血脂清除术并致蒋某某感染丙肝，违反了《中华人民共和国执业医师法》的规定，具有过错，应当对给蒋某某造成的损害承担相应的赔偿责任。崔某妹的诊所设立在宿州第三医院院内已经营多年，且向蒋某某发放印有崔某妹、崔某磊及宿州第三医院字样的名片，使蒋某某误认为崔某妹、崔某磊是宿州第三医院的医生，并接受崔某妹的血脂清除术，宿州第三医院应当预见崔某妹的该种行为对患者的误导作用而未加以制止，且未及时向外界澄清，存在过错，亦应对蒋某某的损失承担相应的赔偿责任；崔某磊与崔某妹系同胞兄妹且崔某妹已用崔某磊名义做名片多年，崔某磊辩称其不知道崔某姝以其名义做宣传的答辩理由因不符合常理而不具有说服力，不予支持，崔某磊放任其胞妹以其名义对外宣传存有过错，应对蒋某某的损失承担相应的赔偿责任；曙光骨病专科诊所对在其机构注册的执业医师崔文姝疏于管理，致崔某姝在注册医疗机构外给蒋某某实施血脂清除术并致蒋某某感染丙肝，亦存有过错，应对蒋某某的损失承担相应的赔偿责任；蒋某某在接受血脂清除术过程中，明知崔某姝不给出具诊断病历、发票等票据，还继续在崔某姝的诊所接受血脂清除术，也存在一定的过错，应自行承担一定的责任。参照各方过错程度并结合整个案情，酌情认定崔某姝承担50%的责任、宿州第三医院承担20%的责任、崔某磊承担5%的责任、曙光骨病专科诊所承担10%的责任，蒋杰臣自行承担15%的责任。蒋杰臣、崔文姝、宿州第三医院均不服一审判决向本院提出上诉。

二审争议焦点：第一，关于蒋某某的丙肝是否崔某姝治疗行为所致，崔某姝应否对其承担赔偿责任的问题。崔某姝未取得《医疗机构执业许可证》，擅自设立诊疗场所为他人进行血脂清除手术，属非法行医。崔某姝于2013年6月28日始在其私设诊所内为蒋某某实施了三次血脂清除术。蒋某某于2013年8月26日因身体不适到永城市人民医院住院治疗，经检查HCV阳性，被诊断为急性丙肝。且2012年蒋杰臣在永城人民医院治疗脑梗塞住院治疗期间的HCV检查结果呈阴性，未检查出丙肝。崔某姝在为蒋某某实施血脂清除术前未进行术前检查，不能证明其在为蒋某某实施手术前蒋某某已患有丙肝，故可认定蒋某某的丙肝系崔某姝实施血脂清除术所致。因崔某姝实施的血脂清除术与蒋某某患有丙肝存在因果关系，故崔某姝应对蒋某某的损失承担赔偿责任。崔某姝称蒋某某的丙肝与其治疗行为无因果关系的上诉理由，因未提供证据证明，本院不予采纳。第二，关于蒋某某对其感染丙肝应否负有一定责任，宿州第三医院应否对蒋杰臣感染丙肝承担赔偿责任，宿州第三医院应否与崔文姝、崔文磊、曙光骨病专科诊所承担连带责任的问题。

蒋某某为成年人，且曾因患脑出血、高压压、糖尿病入住永城市人民医院治疗，知道去医院治疗应挂号及医院应给付病历材料。蒋某某到崔某姝私自设立的诊所内治疗，明知未挂号，未做术前检查，且崔某姝未给其出具诊断病历、发票的情况下，仍继续在崔某姝的诊所内进行三次血脂清除手术治疗，故一审法院认定其存在一定过错，判决其承担15%的责任并无不当。崔某姝在宿州第三医院内设立诊所对病人实施血脂清除手术，并已经营多年，且以宿州第三医院及其医生崔某磊的名义对外宣传，宿州第三医院放任崔某姝的该行为，存在过错，应对蒋某某的损失承担一定责任。宿州第三医院关于其不应承担赔偿责任的上诉理由不能成立，本院不予采纳。崔某磊、曙光骨病专科诊所对一审判决其承担赔偿责任未提出异议，予以确认。崔某姝、崔某磊、宿州第三医院、曙光骨病专科诊所的行为相结合，造成同一损害，因过错责任大小不同，根据《中华人民共和国侵权责任法》第十二条之规定，各自应承担相应的责任，一审酌定崔某姝承担50%的责任，宿州第三医院承担20%的责任、崔某磊承担5%的责任、曙光骨病专科诊所承担10%的责任并无不当，本院予以维持。

第五章

医疗事故与医疗过错法律辨析

医务人员执业受很多成文法的规范和约束，从国家立法到行业规范，从原则性规定到具体的行为规范都是医务人员执业标准的来源。医疗过错是医疗损害侵权责任的核心构成要件之一。《中华人民共和国侵权责任法》第五十四条规定，患者在诊疗活动中受到损害，医疗机构及其医务人员有过错的，由医疗机构承担赔偿责任。

一、医疗事故的概念辨析

我国法学理论界和司法实践部门对医疗过错存在不同的称谓。有学者称之为医疗差错，认为医疗差错是指医疗过程中出现的违背预期目标或医学规范的行为，且主张医疗过错是发生了侵权行为的医疗差错。① 而有学者则认为，医疗差错实际上是一种情节较轻的，有过失而无严重后果的医疗事故。② 笔者认为，上述关于医疗差错或医疗过错的不同称谓，其实是由于我国关于医疗纠纷处理立法的差异所造成的不同学科主

---

① 刘虹. 论医疗差错 [J]. 医学与哲学（临床决策论坛版），2008（6）.
② 杜治斌，许志伟. 医学伦理学辞典 [M]. 郑州：郑州大学出版社，2003：462.

体的认识偏差。在医疗行业，医务人员通常只关心国务院、原卫生部或卫计委发布的与其医疗执业行为密切相关的法规或部门规章，如《医疗事故处理办法》《医疗事故处理条例》等，而对于《中华人民共和国民法通则》和《中华人民共和国侵权责任法》等有关医疗侵权责任的规定却漠不关心，认为与其自身执业行为无关。

1987年6月29日，国务院发布的《医疗事故处理办法》（以下简称"1987年法规"）是中国医事法发展历史上第一次对医务人员的执业行为进行法律评价的行政法规。它第一次对医疗事故的概念、类型、认定主体以及医务人员所要承担的法律后果进行了法律界定。因此，引起了医疗系统人员的广泛关注，医疗事故这一概念也深入医务人员之心。

（一）1987年的医疗事故概念

"1987年法规"第二条首次对医疗事故的概念进行了法律界定，指出医疗事故是指在诊疗护理工作中，因医务人员诊疗护理过失，直接造成病员死亡、残废、组织器官损伤导致功能障碍的。

从法条文义上理解，"1987年法规"规定的医疗事故构成要件有四个，即医务人员，诊疗护理过失行为，病员死亡、残废、组织器官损伤的法律后果以及过失行为与损害后果之间存在直接因果关系。同时第三条指出，在诊疗护理工作中，虽有诊疗护理错误，但未造成病员死亡、残废、功能障碍的，则不构成医疗事故。也就是说，虽然存在医务人员的诊疗过失行为，但由于并未因其诊疗过失行为导致相应的死亡、残废、功能障碍的法定后果，亦不构成医疗事故。然而，"1987年法规"并未对何为残废以及组织器官损伤的法律后果进行详细界定。从残废和组织器官损伤的字面上理解，该法定损害后果必须是器质性损伤，而不是功能性损害。因此，对患者及其近亲属民事权利的保护是不够的。

（二）2002 年的医疗事故概念

2002 年 9 月 1 日实施的《医疗事故处理条例》（以下简称"2002
年法规"）则进行了相应的改进。《医疗事故处理条例》第二条规定：
"本条例所称医疗事故，是指医疗机构及其医务人员在医疗活动中，违
反医疗卫生管理法律、行政法规、部门规章和诊疗护理规范、常规，过
失造成患者人身损害的事故。"从法律条文的文义来理解，"2002 年法
规"规定的医疗事故构成要件有五个：医疗机构和医务人员、医疗过
失行为、医疗过失行为的违法性、患者人身损害的法律后果以及违法性
医疗过失行为与患者人身损害后果之间的因果关系。

二、1987 年和 2002 年医疗事故责任构成差异

就医疗事故责任构成要件来分析，"1987 年法规"与"2002 年法
规"的立法规定存在明显差异。

（一）医疗事故责任主体差异

从责任主体来说，"1987 年法规"界定的主体仅为医务人员，不包
括医疗机构。而"2002 年法规"则将主体界定为医疗机构和医务人员。
也就是说，医疗机构也可以成为医疗事故的责任主体，并承担相应的行
政法律责任。

（二）医疗事故责任损害后果差异

从损害后果来说，"1987 年法规"要求达到病员死亡、残废、组织
器官损伤的程度，而"2002 年法规"则要求达到患者人身损害的后果
即可。从词意上分析，"死亡、残废、组织器官损伤"的法律后果包含
在"人身损害"的法律后果之中，"人身损害"的范围较"死亡、残

废、组织器官损伤"更广。也就是说，从概念来分析，"2002 年法规"与"1987 年法规"相比，似乎扩大了医疗事故的认定范围。但与"2002 年法规"相配套的 2002 年 7 月 19 日施行的《医疗事故分级标准（试行）》则对构成医疗事故的"人身损害"程度进行了详细限定，似乎立法机构还是希望将医疗事故限定在一定的可控范围之内。

（三）医疗事故因果关系差异

从因果关系来分析，"1987 年法规"要求医务人员的过失行为与"死亡、残废、组织器官损伤"损害后果之间存在直接因果关系，也就是说，"死亡、残废、组织器官损伤"损害后果是由于医务人员的过失行为直接导致的，因医疗务人员的不作为、不积极作为等所导致的损害后果则不属于医疗事故。"2002 年法规"则要求医疗机构和医务人员的医疗过失行为与"人身损害"后果之间具有因果关系即可，而对这种"因果关系"的判断，则既可能是直接因果关系，也可能是间接因果关系，甚至诱因即可。

（四）医疗事故违法性要素差异

从违法性来说，"1987 年法规"并不要求医务人员的过失行为具有违法性，仅要求其存在过失即可。这一立法规定系由于当时我国医疗卫生法律制度极不发达所致，对医疗过失的判断大多依据医界公认的医疗共识进行。随着我国医疗卫生管理法律、法规、部门规章、诊疗规范等不断完善，"2002 年法规"则将违法性作为医疗事故责任构成要件的重要决定因素，同时，也增强了医疗主体判断自身诊疗行为是否违法的可预测性，这是我国医事法律制度非常重要的变化。

三、1987 年和 2002 年医疗事故分级差异

"1987 年法规"与"2002 年法规"就医疗事故分级存在明显差异。"1987 年法规"第五条将医疗事故区分为责任事故和技术事故。责任事故是指医务人员因违反规章制度、诊疗护理常规等失职行为所致的事故；技术事故则是指医务人员因技术过失所致的事故。第六条则根据给病员直接造成损害的程度，将医疗事故分为三级："一级医疗事故：造成病员死亡的；二级医疗事故：造成病员严重残废或者严重功能障碍的；三级医疗事故：造成病员残废或者功能障碍的。"

"2002 年法规"第四条则根据对患者人身造成的损害程度，将医疗事故分为四级："一级医疗事故：造成患者死亡、重度残疾的；二级医疗事故：造成患者中度残疾、器官组织损伤导致严重功能障碍的；三级医疗事故：造成患者轻度残疾、器官组织损伤导致一般功能障碍的；四级医疗事故：造成患者明显人身损害的其他后果的。"《医疗事故分级标准（试行）》则具体对"重度残疾""中度残疾、器官组织损伤导致严重功能障碍""轻度残疾、器官组织损伤导致一般功能障碍"和"明显人身损害的其他后果"进行了详细的界定。医疗事故一级乙等至三级戊等对应伤残等级一至十级。如《医疗事故分级标准（试行）》规定了一级乙等医疗事故："重要器官缺失或功能完全丧失，其他器官不能代偿，存在特殊医疗依赖，生活完全不能自理。例如造成患者下列情形之一的：植物人状态；极重度智能障碍；临床判定不能恢复的昏迷；临床判定自主呼吸功能完全丧失，不能恢复，靠呼吸机维持；四肢瘫，肌力 0 级，临床判定不能恢复。"

四、"1987 年法规"和"2002 年法规"规定的医疗事故法律责任差异

（一）医疗事故的民事法律责任差异

"1987 年法规"与"2002 年法规"就医疗事故的民事责任规定存在明显不同。根据"1987 年法规"的规定，确定为医疗事故的，可以根据事故等级、情节和病员的情况给予一次性经济补偿。补偿费标准，由省、自治区、直辖市人民政府规定。"2002 年法规"规定，"医疗事故赔偿，应当考虑下列因素，确定具体赔偿数额：（一）医疗事故等级；（二）医疗过失行为在医疗事故损害后果中的责任程度；（三）医疗事故损害后果与患者原有疾病状况之间的关系。"具体赔偿项目包括医疗费、误工费、住院伙食补助费、陪护费、残疾生活补助费、残疾用具费、丧葬费、被扶养人生活费、交通费、住宿费、精神损害抚慰金，共计十一项。

（二）医疗事故的其他法律责任差异

"1987 年法规"与"2002 年法规"就医疗事故责任主体的其他法律责任规定亦存在明显不同。"1987 年法规"对医疗事故的直接责任人主要是给予行政处分，而非行政处罚，主要是因为当时将医务人员界定为"干部"的政治属性有关。"1987 年法规"第二十条规定，对造成医疗责任事故的直接责任人员，医疗单位应当根据其事故等级、情节轻重、本人态度和一贯表现，分别给予以下行政处分："一级医疗事故：记大过、降级、降职、撤职、开除留用察看、开除；二级医疗事故：记过、记大过、降级、降职、撤职；三级医疗事故：警告、记过、记大过、降级、降职。""2002 年法规"则分别对医疗机构和医务人员制定

了不同的处罚措施，既包括行政处罚，也包括行政处分或纪律处分，甚至追究医务人员的刑事责任。"2002 年法规"第五十五条规定："医疗机构发生医疗事故的，由卫生行政部门根据医疗事故等级和情节，给予警告；情节严重的，责令限期停业整顿直至由原发证部门吊销执业许可证，对负有责任的医务人员依照刑法关于医疗事故罪的规定，依法追究刑事责任；尚不够刑事处罚的，依法给予行政处分或者纪律处分。对发生医疗事故的有关医务人员，除依照前款处罚外，卫生行政部门并可以责令暂停 6 个月以上 1 年以下执业活动；情节严重的，吊销其执业证书。"

五、医疗过错责任

侵权责任的构成要件是指加害人或者负有赔偿义务的主体承担责任的必要要件。对于侵权责任的构成要件，理论上有三要件说、四要件说、五要件说，甚至七要件说。理论界常见的四要件说认为，侵权责任的构成要件包括侵权行为、损害事实、因果关系和行为人过错。三要件说则认为侵权责任的构成要件包括损害事实、因果关系和过错。[①] 结合我国侵权责任法关于医疗侵权责任的规定，笔者认为，我国医疗侵权责任的构成要件采纳了三要件说，即医疗过错、损害后果和因果关系。违法性要件实质上已包含在医疗过错要件中。《中华人民共和国侵权责任法》第五十八条和《最高人民法院关于审理医疗损害责任纠纷案件适用法律若干问题的解释》第十六条规定，医疗主体违反法律、行政法规、规章以及其他有关诊疗规范规定的，推定其存在过错。王利明教授

---

① 石旭雯. 医疗侵权责任的认定及类型化研究［M］. 北京：知识产权出版社，2017：83.

亦持此观点，认为随着过错概念的客观化及违法推定过失的发展，尤其是随着现代经济和技术的发展，在许多领域对行为标准的确定越来越具体化，要采用各种技术性的标准来确定人们的行为规则，违反了这些规则不仅表明行为具有违法性，而且表明行为人具有过错，所以，过错本身可以吸收违法性的概念。①

（一）医疗过错

在学理上，以其欠缺注意之程度为标准，民事过错可以分为抽象的轻过失、具体的轻过失和重大过失三种。所谓抽象的轻过失是指依交易上一般观念，认为有相当知识经验及诚意之人应尽之注意义务而欠缺者，即应尽善良管理人之注意义务而欠缺者；应与处理自己事务为同一注意而欠缺者则为具体的轻过失；显然欠缺普通人之注意者，是为重大过失。医师应就疾病的症状详加诊疗，并随时注意疾病的变化，依照医学上的技术规范，施以适当的治疗。②

美国法认为，医师不具有适当的医疗技艺，不能以一般的勤勉和努力去运用医疗技艺，并违反一般的医疗常规进行医疗活动，过失责任即构成，如果一个患者在接受医疗中因医师不能遵从一般认可的职业标准而受到损害，这个患者可向这个有过错的医师要求赔偿。③ 我国侵权责任法第五十四条规定，患者在诊疗活动中受到损害，医疗机构及其医务人员有过错的，由医疗机构承担赔偿责任。这是我国医疗损害归责原则的过错责任原则。

---

① 王利明．侵权行为法研究（上卷）［M］．北京：中国人民大学出版社，2004：347.
② 黄丁全．医事法新论［M］．北京：法律出版社，2013：287.
③ 王岳，邓虹．外国医事法研究［M］．北京：法律出版社，2011：41.

（二）医疗过错的类型

杨立新教授以医疗过错类型之不同，将医疗损害责任区分为医疗伦理损害责任、医疗技术损害责任、医疗产品损害责任和医疗管理损害责任。① 医疗伦理损害责任，是医疗损害责任的基本类型之一，是指医疗机构及其医务人员违背医疗良知和医疗伦理的要求，违背医疗机构及其医务人员的告知义务或者保密义务，具有医疗伦理过错，造成患者损害的医疗损害责任。我国侵权责任法第五十五条规定："医务人员在诊疗活动中应当向患者说明病情和医疗措施。需要实施手术、特殊检查、特殊治疗的，医务人员应当及时向患者说明医疗风险、替代医疗方案等情况，并取得其书面同意；不宜向患者说明的，应当向患者的近亲属说明，并取得其书面同意。医务人员未尽到前款义务，造成患者损害的，医疗机构应当承担赔偿责任。"

医疗技术损害责任是指医疗机构及其医务人员从事病情检验、诊断、治疗方法的选择、治疗措施的执行，病情发展过程的追踪，以及术后照护等诊疗行为中，存在不符合当时的医疗水平的过失行为，医疗机构所应当承担的赔偿责任。

我国侵权责任法第五十七条规定："医务人员在诊疗活动中未尽到与当时的医疗水平相应的诊疗义务，造成患者损害的，医疗机构应当承担赔偿责任。"

医疗产品损害责任是指医疗机构在医疗过程中使用有缺陷的药品、消毒药剂、医疗器械以及血液等医疗产品或者准产品，因此造成患者人身损害，医疗机构或者医疗产品生产者、销售者应当承担的医疗损害赔偿责任。

---

① 杨立新. 医疗损害责任法［M］. 北京：法律出版社，2012：43 - 45.

我国侵权责任法第五十九条："因药品、消毒药剂、医疗器械的缺陷，或者输入不合格的血液造成患者损害的，患者可以向生产者或者血液提供机构请求赔偿，也可以向医疗机构请求赔偿。患者向医疗机构请求赔偿的，医疗机构赔偿后，有权向负有责任的生产者或者血液提供机构追偿。"

（三）医疗过错的类型分布

课题组依据2013—2016年安徽省医疗损害责任纠纷案例的司法鉴定意见或医疗事故技术鉴定结论，分析认为，医疗过错可能为单一因素，也可能为多因素，该研究将不同因素分别提取出来进行统计分析。由表7可知，以2013—2016年全部医疗损害案件医疗过错类型分析，告知不当、手术不当和诊断不当属于主要医疗过错类型，分别为14.8%、14.1%和12.3%，其次为用药不当和病历书写不规范。以不同年度的医疗过错类型来分析，2013年和2014年手术不当均是最多的医疗过错类型，分别为13.6%和16.4%，2015年和2016年则主要以告知不当为最多医疗过错类型。

表7　安徽省2013—2016年医疗损害诉讼案例医疗过错类型及分布

年度 过错类型	2013年		2014年		2015年		2016年		合计	
	N	%	N	%	N	%	N	%	N	%
诊断不当	21	10.2%	51	11.8%	37	12.6%	61	13.6%	170	12.3%
告知不当	26	12.6%	66	15.2%	41	21%	72	16.1%	205	14.8%
手术不当	28	13.6%	71	16.4%	31	10.5%	65	14.5%	195	14.1%
用药不当	26	12.6%	32	7.4%	34	11.6%	37	8.3%	129	9.3%
检查不当	25	12.1%	28	6.5%	26	8.8%	17	3.7%	96	6.9%
病历书写不规范	25	12.1%	34	7.9%	31	10.5%	34	7.6%	124	8.9%
医疗器械瑕疵	10	4.9%	23	5.3%	19	6.5%	15	3.3%	67	4.9%

续表

年度 过错类型	2013 年		2014 年		2015 年		2016 年		合计	
	N	%	N	%	N	%	N	%	N	%
输血不当	4	1.9%	6	1.4%	2	0.7%	1	0.2%	13	0.9%
护理不当	2	0.9%	9	2.1%	5	1.7%	12	2.7%	28	2.0%
未尽注意义务	9	4.4%	19	4.4%	13	4.4%	18	4.0%	59	4.3%
治疗方案不当	11	5.3%	25	5.8%	15	5.1%	26	5.8%	77	5.6%
无资质	1	0.5%	4	0.9%	1	0.3%	1	0.2%	7	0.5%
治疗时机不当	12	5.8%	31	7.2%	21	7.1%	39	8.7%	103	7.5%
医院管理不当	1	0.5%	4	0.9%	2	0.7%	1	0.2%	8	0.6%
麻醉不当	1	0.5%	6	1.4%	4	1.4%	6	1.3%	17	1.2%
违反诊疗常规	3	1.5%	21	4.8%	8	2.7%	34	7.6%	66	4.8%
无过错	1	0.5%	3	0.7%	4	1.4%	9	2.0%	17	1.2%

综上，笔者认为，安徽省医疗过错主要类包括：医疗技术过错、医疗伦理过错、医疗产品过错和医疗管理过错。其中医疗技术过错主要表现为手术不当、诊断不当、用药不当、检查不当等。医疗伦理过错主要表现为告知不当和病历书写不规范等。石镁虹等①对中国裁判文书网中的 5012 例医疗损害赔偿责任纠纷案件进行系统研究发现，医疗技术过错主要为治疗不当、手术不当、诊疗不当、用药不当等；医疗伦理过错则主要为沟通缺陷；医疗管理过错也为常见因素。医疗损害纠纷发生的成因率排序从高到低依次为：治疗或手术不当（49.6%）、诊断不当

---

① 石镁虹，章桦，程琴. 5012 例医疗损害纠纷的成因、分布及赔偿情况分析［J］. 医学与法学，2015（6）.

（17.4%）、沟通或管理缺陷（13.8%）、疾病转归或并发症（6.3%）、用药不当或药物不良反应（4.9%）、医疗产品及输血问题（4.3%）、护理不当（3.7%）。与本课题组研究结论基本一致。

（四）医疗侵权责任与医疗事故责任的差异

一般来说，医疗侵权责任与医疗事故责任在责任构成要件、责任认定主体、法律后果和判断标准上存在明显差异。

第一，责任构成要件上的差异。除责任主体一致外，医疗侵权责任包含三个构成要件：医疗过错、损害后果和医疗过错与损害后果之间的因果关系；而依据"2002年法规"的规定，医疗事故责任的构成要件除上述三要件外，还包括医疗行为的违法性，医疗行为还必须违反我国医疗卫生管理法律、法规、部门规章、诊疗规范等。

第二，责任认定主体的差异。医疗侵权责任的认定主体为审判机构法院。虽然在我国医疗侵权诉讼过程中，法院常常需委托司法鉴定机构进行医疗过错、医疗过错与损害后果之间因果关系以及原因力大小的鉴定，但最终是否采纳司法鉴定意见的权力则属于人民法院。我国"2002年法规"第二十条："卫生行政部门接到医疗机构关于重大医疗过失行为的报告或者医疗事故争议当事人要求处理医疗事故争议的申请后，对需要进行医疗事故技术鉴定的，应当交由负责医疗事故技术鉴定工作的医学会组织鉴定；医患双方协商解决医疗事故争议，需要进行医疗事故技术鉴定的，由双方当事人共同委托负责医疗事故技术鉴定工作的医学会组织鉴定。"第二十一条："设区的市级地方医学会和省、自治区、直辖市直接管辖的县（市）地方医学会负责组织首次医疗事故技术鉴定工作。省、自治区、直辖市地方医学会负责组织再次鉴定工作。"也就是说，医疗事故责任认定的主体为各级医学会。

第三，承担法律后果的差异。从我国民法总则和侵权责任法的相关规定来分析，医疗侵权责任认定后，医疗机构只需承担民事法律责任，主要为民事赔偿责任，而不涉及行政或刑事法律责任问题。而从我国"2002 年法规"的相关规定来看，一旦构成医疗事故，则医疗机构，甚至医务人员不仅需承担相应的民事赔偿责任，可能还需承担相应的行政法律责任。对于情形特别严重的，医务人员甚至要承担相应的刑事法律责任。

第四，判断标准上的差异。从医疗技术责任来说，我国侵权责任法第五十七条将"当时的医疗水平"作为判断医疗行为是否存在过错的主要判断依据之一。很显然，我国侵权责任法采纳了日本医疗损害责任法中的"医疗水准"的做法，即"合理的专家标准"或者"合理医师"标准。① 对此，"2002 年法规"并未进行相应的规定，而是将"医疗卫生管理法律、行政法规、部门规章和诊疗护理规范、常规"作为主要的判断依据。从医疗伦理过错来看，法院也是把"医疗卫生管理法律、行政法规、部门规章"作为主要的判断依据，在这一点上，两者之间是一致的。

---

① 张新宝. 大陆医疗损害赔偿案件的过失认定［M］//朱柏松，等. 医疗过错举证责任之比较. 台北：元照图书出版公司，2008：93.

（五）医疗事故鉴定与司法鉴定结论不一致案例讨论

案例 5-1

王某某诉芜湖市第一人民医院医疗损害责任纠纷案

基本案情：

原告王某某因"孕 39+周，二胎 0 产，枕左前，胎膜早破"于 2012 年 12 月 26 日入被告芜湖市第一人民医院产科处住院治疗，并于同年 12 月 27 日下午在腰硬联合麻醉下行子宫下段剖宫产术，术中娩一男婴，胎盘胎膜娩出完整，出血 300 ml。术后给予促宫缩、补液，当日 17 时按压宫底排出约 150 ml 积血，给予缩宫素、米索促宫缩治疗，18 时 30 分挤压宫底，阴道流血量 150 ml，给予按摩子宫、补液补充血容量、加强宫缩、止血治疗，急查血常规、电解质、心电图、B 超，血压一过性升高后下降，20：00 开始阴道流血量多于经量，考虑产后出血，失血性休克，宫缩乏力，开通三路静脉，给予持续子宫按摩、补液、升压、促宫缩、输血浆等治疗。经全院及外院会诊，考虑原告产后出血宫缩乏力引起，建议予以垂体后叶素加强宫缩，必要时介入治疗，家属不能接受，继续予以按摩宫底、补液、输血等对症治疗。2012 年 12 月 28 日凌晨，考虑原告阴道流血量多，术中术后估计出血量 2350 ml，目前已进入弥漫性血管内凝血可能，被告处 ICU 病房已满，经协调转入弋矶山医院继续治疗。2012 年 12 月 28 日凌晨，原告转入皖南医学院弋矶山医院，经诊断为"产后出血（子宫收缩乏力）、失血性休克、弥散性血管内凝血、迟发型羊水栓塞"，并于当日凌晨在全麻下行剖腹探查术，术中见腹壁切口内大片瘀斑，伴暗红色不凝血淤积，遂行全子宫切除术。术后予预防感染、补液、抗休克对症治疗，气管插管、人工呼吸状态入 EICU 监护。后病情好转于 2013 年 1 月 4 日转入产科继续对症治疗，于 2013 年 1 月 22 日下午在局麻下二次缝合腹部切口。2013 年 1 月 26 日，原告出院，出院医嘱：注意休息，避免劳累及受凉；加强创口护理、定期换药；不适随诊；一周后拆线。

医疗事故鉴定意见：

2013 年 3 月 15 日，原、被告共同申请进行医疗事故技术鉴定，由芜湖市医学会委托铜陵市医学会进行鉴定，并做出鉴定意见为，本病例属于三级丙等医疗事故，伤残等级八级，医方承担轻微责任。

司法鉴定意见：

在案件审理过程中，原告申请对被告的医疗行为是否存在过错、被告的过错与原告的损害后果有无因果关系等进行鉴定，被告申请其对原告施行的医疗行为与原告的损害后果之间有无因果关系及参与度进行鉴定，本院依法委托南京医科大学司法鉴定所进行鉴定，该所于 2015 年 8 月 4 日出具南医大司鉴所〔2015〕书鉴字第 73 号鉴定意见书，在鉴定书的分析说明中认为：被告对原告的初步诊断明确，但对产后的病情后果严重性预估不足、未及时给予原告输血治疗的诊疗过失，与原告子宫全切存在次要因果关系，考虑医疗过失参与度为 16%—44%（仅供法庭参考）。最终法院采信 40% 参与度。

从上述案例可知，医学会的鉴定结论与司法鉴定机构的鉴定意见存在明显差异，铜陵市医学会的鉴定结论为三级丙等医疗事故，医院承担轻微责任，约为 5%—15%，而南京医科大学司法鉴定所的鉴定意见则为 16%—44%。就是否构成医疗事故来说，医学会鉴定该案例属三级丙等医疗事故，而司法鉴定机构则未对此进行法律评价，原因在于法律的规定。依据"2002 年法规"的规定，仅市级、省级医学会有权就医疗纠纷案例是否构成医疗事故进行法律评价，而司法鉴定机构则无此法律授权。而责任程度的差异，主要是基于鉴定主体知识结构和思维方式的差异所导致的，医学会鉴定专家通常为案例相关医学学科的医学专家，通常不具备侵权责任法等相关法律专业知识，大多以医学知识、诊疗常规和自身经验作为评价依据，再加上医师群体之间的天然职业共同体特性，通常认定的责任程度较低。而司法鉴定人员通常具有较高的法律水平，对医疗侵权案件的鉴定常以侵权责任法中的注意义务为判断视角，鉴定意见通常会苛以医疗人员过高的注意义务水平。因此，医学会和司法鉴定机构之间的鉴定意见的差异是不言自明的。

笔者认为，医疗机构和医师在处理医疗纠纷案件过程中，必须重视每一起医疗纠纷案件，特别是涉及患者死亡的医疗纠纷案件。医疗机构和医师应认真审查分析涉案医疗纠纷产生的原因，医师自身的医疗行为是否合法，诊断是否正确，治疗方案是否合理，用药是否符合药品说明书的规定，病历书写是否规范、详细，知情同意书是否签订完备，术前准备是否充分，手术操作是否存在不当之处，术后观察处理是否及时、全面。对于死亡的患者，虽未进行尸体解剖，还应仔细分析患者的可能死亡原因。若医疗机构和医师认为自身确实存在较为明显和严重的医疗过错，建议在处理医疗纠纷案件时以医患双方和解或医疗纠纷调解委员会调解方式尽快结案，否则，一旦患方申请医学会进行医疗事故鉴定，则医疗机构和医师均有承担行政处罚的执业法律风险，医师甚至有承担刑事责任的风险。

（六）两级医疗事故鉴定意见不一致案例讨论

案例 5-2

陈某某诉皖北煤电集团总医院医疗损害赔偿纠纷再审案

陈某某与皖北煤电集团总医院（下称"皖北医院"）医疗事故人身损害赔偿纠纷一案，安徽省宿州市埇桥区人民法院于 2008 年 4 月 8 日作出〔2006〕宿埇民一初字第 747 号民事判决，陈某某不服提起上诉，法院于 2008 年 10 月 24 日作出〔2008〕宿中民一终字第 235 号民事判决，已发生法律效力。经本院审判委员会讨论决定再审本案，本院审理后作出〔2011〕宿中民一再终字第 00020 号民事裁定，裁定撤销原判，发回重审。安徽省宿州市埇桥区人民法院审理后作出〔2012〕宿埇民一再初字第 00014-1 号民事判决，皖北医院及陈某某均不服，向本院提出上诉。本院依法组成合议庭，公开开庭审理了本案。

2006 年 3 月 8 日，陈某某诉至一审法院称：2005 年 3 月 12 日，其因患子宫肌瘤入住皖北医院治疗，同月 19 日施行子宫切除手术，术后即感觉胃胀、极少排尿，医生告知其有胃病，并给其服用吗丁啉、注射药物均无效。术后 10 日出院后仍感胃胀、排不出尿，并出现阴道漏尿现象。同年 4 月 4 日，陈某某因阴道漏尿再次到该院治疗，该院以其输尿管损伤将其收治入院，并于次日为其行左输尿管损伤修补术，即输尿管膀胱吻合术。皖北医院在手术中误切断其输尿管存在重大过错，其身心健康严重受损。请求依法判令皖北医院赔偿其医药费、误工费、精神抚慰金等各项费用合计 7 万余元。

皖北医院一审辩称：陈某某手术后肾脏和膀胱功能恢复良好，发生阴道瘘属手术并发症，损害后果不存在。皖北医院的诊疗行为符合诊疗规范，不存在过错。因此，陈龙芳的诉讼请求不能成立，依法应予驳回。

一审法院查明：陈某某因月经不调、阴道不规则流血两月余，于2005年3月13日到皖北医院就诊，诊断为：子宫肌瘤，子宫内膜息肉，卵巢囊肿（左侧）失血性贫血。同月19日该医院给陈某某行全子宫及左侧附件切除术。陈某某于当月28日出院。同年4月4日，陈某某因阴道漏尿到该院治疗，该院以诊断子宫全切除术后输尿管损伤将其收治入院，并于次日为陈某某行左输尿管膀胱吻合术，经治疗出院。后陈某某以该院的医疗行为存在重大过失为由要求赔偿形成诉讼。

在审理期间，皖北医院申请医疗事故鉴定，经一审法院委托，宿州市医学会于2006年10月18日作出〔2006〕30号医疗事故技术鉴定书，结论为本病例属于三级甲等医疗事故，输尿管损伤，医方负完全责任。皖北医院对该鉴定结论不服，申请重新鉴定。经一审法院委托，安徽省医学会于2007年2月8日作出皖医鉴〔2007〕006号医疗事故鉴定书，结论为本病例不属于医疗事故。

一审法院认为：陈某某因患子宫肌瘤至皖北医院进行手术，手术中致其输尿管损伤，经安徽省医学会鉴定系手术并发症，该院诊断及时，处理正确，且其肾脏及膀胱功能恢复良好。皖北医院的医疗行为符合医疗操作规程，不构成医疗事故。故陈某某的诉讼请求应予驳回。在审理期间，皖北医院自愿给予陈龙芳经济补偿55000元，不违反法律规定，予以支持。依照《中华人民共和国民法通则》第一百一十九条的规定判决：由皖北医院于判决生效后十日内付给陈龙芳经济补偿款55000

元，案件受理费 1150 元由陈某某承担。

陈某某上诉称：原审判决认定事实错误。安徽省医学会出具的医疗事故鉴定结论与事实不符，鉴定意见没有依据。请求依照宿州市医学会的鉴定意见，即构成三级甲等医疗事故，按相关标准由皖北医院予以赔偿。

皖北医院辩称：该院的诊疗行为符合诊疗规范，不存在过错，不应承担赔偿责任。

本院二审对一审查明的事实予以确认。认为：皖北医院不否认陈某某在手术过程中致输尿管受伤的事实，该院采取了补救措施，术后恢复尚可。对此，宿州市医学会及安徽省医学会出具的鉴定书均予以确认，双方当事人亦未提出异议。双方争议的焦点是陈某某的输尿管损伤是否构成医疗事故。参照卫生部颁布的《医疗事故分级标准》规定的三级甲等医疗事故标准，宿州市医学会的鉴定结论，既认为采取补救措施后病人恢复尚可，又认为毕竟给患者造成一定损伤，但对输尿管损伤是否造成较重功能障碍未做说明，故其鉴定结论不予采信。安徽省医学会的鉴定结论，其认为是迟发性输尿管阴道瘘，系手术并发症，其亦未对输尿管损伤是否造成较重功能障碍作出说明，故亦不可采信。本案在一审期间，陈某某拒绝就医院是否存在过错进行鉴定。故其要求按三级甲等医疗事故赔偿标准予以赔偿的证据不足。一审根据自愿原则，判令皖北医院给付陈某某补偿款 55000 元并无不当。院方在本次审理期间又增加补偿款 10000 元，不违反法律规定，予以支持。依照《中华人民共和国民事诉讼法》第一百八十六条第一款、第六十四条第一款的规定，判决：第一，维持安徽省宿州市埇桥区人民法院〔2006〕宿埇民一初字第 747 号民事判决及诉讼费负担。第二，皖北医院于判决生效后十日内补偿陈某某 10000 元。

本院于 2012 年 4 月 17 日作出〔2011〕宿中民一监字第 00004 号民事裁定,裁定再审本案。本院再审后,以原审判决程序违法为由,裁定撤销原一、二审判决,发回重审。

再审中,陈某某称:安徽省医学会的鉴定结论没有依据,不应作为定案依据,要求按三级甲等医疗事故标准赔偿各项经济损失 604296 元(扣除已付的 65000 元)。

皖北医院辩称:院方对陈某某诊断明确,手术得当,治疗措施正确,未违反医疗规范,不存在过错。陈某某漏尿属于手术并发症,院方处理及时正确,并本着人道主义精神已在原一、二审补偿陈龙芳 65000 元。陈龙芳增加诉讼请求与事实不符,不能成立。

一审法院再审对原一审判决查明的事实予以确认。认为:本案的争议焦点是对两次鉴定结论的采信和皖北医院是否应当赔偿陈某某的各项损失。国务院《医疗事故处理条例》及卫生部《医疗事故技术鉴定暂行办法》规定:医疗事故鉴定分为两级鉴定,设区的市级医学会负责组织首次医疗事故技术鉴定工作,省级医学会负责组织再次鉴定工作,任何一方当事人对首次医疗事故技术鉴定结论不服的,可以申请再次鉴定,不属于医疗事故的,医疗机构不承担赔偿责任,并应以最后的鉴定结论作为处理纠纷的依据。参照上述规定,应以安徽省医学会出具的鉴定意见作为本案的处理依据,陈某某要求皖北医院赔偿 604296 元的诉讼请求,证据不足,不予支持。鉴于原一、二审期间,皖北医院自愿补偿陈某某 65000 元,不违反法律规定,应当允许。依照《中华人民共和国民事诉讼法》第一百八十六条第一款、第六十四条第一款、《最高人民法院关于民事诉讼证据的若干规定》第二条之规定,判决如下:一、驳回陈某某的诉讼请求。二、由皖北医院补偿给陈某某经济补偿款65000元（已履行）。

陈某某不服一审法院再审判决提出上诉，本院以事实不清，证据不足为由，裁定撤销原判，发回重审。

一审法院重审查明的事实与原审查明的事实一致。认为本案的争议焦点是两份鉴定意见如何采信。从两份鉴定意见的内容来看，宿州市医学会出具的鉴定意见认为：在对陈某某手术中怀疑有输尿管损伤，虽请泌尿科会诊但未发现，会诊不慎重；致术后16天才发现患者漏尿，采取手术补救时间较长，有一定责任，给患者造成一定损伤，认为输尿管损伤，医院方付完全责任，构成三级甲等医疗事故。而安徽省医学会出具鉴定意见认为：患者漏尿属于迟发性输尿管阴道瘘，系手术并发症，并认为并发症发生后医院方诊断及时，处理正确。不属于医疗事故。综合以上分析，皖北医院在术后发现陈某某排尿困难的情况下，就应当诊断出可能是输尿管损伤，而不应当在术后16天才进行补救，安徽省医学会认为并发症发生后医院诊断及时，与事实不符。宿州市医学会的鉴定意见更具有科学性、合理性，应予采纳。因此，皖北医院在就诊过程中，因医务人员的诊疗过失造成他人的人身伤害，依法应承担赔偿责任。根据《医疗事故处理条例》的相关规定，陈某某要求皖北医院赔偿其相关费用应为：医疗费3431元、误工费16578.7元（85.9元×193天）、护理费16578.7元（85.9×193天）、住院伙食补助费5790元（30元×193天）、交通费1930元（10元×193天）、残疾生活补助费（三级甲等医疗事故根据医疗事故分级标准的规定，对应伤残等级为6级，赔偿标准为50%，即医疗事故发生地居民年平均生活费15012元×30年×50%）、精神抚慰金45036元（医疗事故发生地居民年平均生活费 15012 元×3 年），以上费用合计 314524.4 元。陈某某要求的赔偿数额超出上述的部分依法不予支持。对陈某某要求其将来换肾的费用，因该费用未实际发生，若将来因此次医疗事故确需换肾，可另行起诉。判决：一、皖北医院赔偿陈某某医疗费、误工费、护理费、住院伙食补助费、交通费、残疾生活赔偿金、精神损害抚慰金合计 314524.4 元。（扣除已支付的 65000 元，剩余 249524.4 元，皖北医院于本判决生效后三十日内支付）。二、驳回陈某某的其他诉讼请求。案件受理费 15204 元，皖北医院承担 5204 元，陈龙芳承担 10000 元。

皖北医院上诉称：第一，安徽省医学会出具的鉴定意见已否定宿州市医学会的鉴定意见，安徽省医学会的鉴定意见应为合法证据，依法应予采信；第二，一审判决的精神损害赔偿金、护理费、误工费过高；第三，陈某某不存在任何损害后果，应依法驳回其诉讼请求。

陈某某辩称：安徽省医学会出具的鉴定意见认为手术中致患者输尿管损伤并导致漏尿，系手术并发症没有依据；手术中怀疑输尿管损伤请泌尿科会诊，由于会诊不慎重，未能及时发现损伤的存在，导致术后 16 天才对损伤采取补救措施，医院方过错明显。安徽省医学会的鉴定意见不真实、不客观；且鉴定人员未出庭接受质询，该鉴定意见不足以采信。一审判决误工费、护理费正确，但精神损害抚慰金判决偏少。皖北医院的上诉理由不能成立。

陈某某上诉称：精神抚慰金判决偏少，后续治疗费没有支持不当。请求依法改判。

皖北医院辩称：该院在为陈某某诊疗过程中不存在过错，不应承担赔偿责任。陈龙芳上诉请求支持其后续治疗费没有任何依据，精神抚慰金等相关费用判决偏高。因此，陈某某的上诉理由不能成立，应依法改判驳回其诉讼请求。

本院经审理查明：陈某某因月经不调、阴道不规则流血两月余，于2005年3月13日到皖北医院就诊，诊断为：子宫肌瘤，子宫内膜息肉，卵巢囊肿（左侧）失血性贫血。同月19日该院给陈某某行全子宫＋左侧附件切除术。术中见不明原因渗漏疑为输尿管损伤，遂请泌尿科专家会诊，经会诊未发现输尿管损伤。术后，陈某某一直诉其腹胀，医生诊断认为与贫血有关，遂给予改善贫血治疗。陈某某于当月28日出院。术后16天，陈某某因阴道漏尿到该院治疗，该院以输尿管损伤将其收治入院，并于次日为陈某某行左输尿管损伤修补术，即输尿管膀胱吻合术，术后10日拆线，拆线后陈某某又多次称腹部不适，住院观察治疗，同年9月30日出院。后陈某某以该院的医疗行为存在重大过错，并致其身体无法恢复构成医疗事故为由要求赔偿形成诉讼。

在审理期间，皖北医院申请医疗事故鉴定，经一审法院委托，宿州市医学会作出〔2006〕30号医疗事故技术鉴定书，认为：第一，在对患者手术中怀疑有输尿管损伤，请泌尿科会诊，未发现输尿管损伤，会诊不够慎重；第二，术后16天发现患者漏尿，医院采取手术补救时间较长，有一定责任；第三，补救措施后，病人恢复尚可，但毕竟给患者造成一定损伤。结论为本病例属于三级甲等医疗事故，输尿管损伤，医方负完全责任。皖北医院不服，申请重新鉴定。经一审法院委托安徽省医学会作出皖医鉴〔2007〕006号医疗事故鉴定书，认为：第一，患者阴道不规则流血2月余，入院时血色素46g/l，B超提示子宫肌瘤，术后病理报告，子宫肌壁间平滑肌瘤，子宫内膜炎，有手术指征；第二，医方的医疗行为未违反医疗操作规范；第三，分析患者漏尿时间、临床表现、检查结果，本病例为迟发性输尿管阴道瘘，系手术并发症，并发症发生后医方诊断及时，处理正确；第四，根据提供的材料，患者目前肾脏及膀胱功能恢复良好。结论为本病例不属于医疗事故。

本院认为：本案的争议焦点之一：涉案的两份鉴定意见应如何采信。依据法律规定，鉴定意见系民事诉讼法定证据形式之一，人民法院对鉴定意见应当依照法定程序，全面、客观地审查，严格掌握证据的客观性、真实性及合法性，依法采纳。鉴定人应当出庭接受当事人质询。本案中，在陈某某对安徽省医学会出具的鉴定意见提出异议的情况下，虽经本院通知，但该会参与鉴定的鉴定人未出庭接受当事人的质询。该会亦未对手术中造成陈某某输尿管损伤并致其漏尿属于手术并发症的意见说明科学依据。对患者手术中怀疑有输尿管损伤，请泌尿科会诊，会诊中输尿管损伤未被发现，导致患者术后 16 天才被发现漏尿，医院方采取手术补救。故，该鉴定意见称"并发症产生后，医方没有过错，诊断及时，处理正确"与查明的事实不符。综上，该鉴定意见本院不予采信。一审法院在查明事实的基础上，依法采纳宿州市医学会的鉴定意见并无不当。因此，皖北医院上诉提出安徽省医学会出具的鉴定意见已否定宿州市医学会的鉴定意见，安徽省医学会的鉴定意见应为合法证据应予采信的理由不能成立。

综上，一审法院再审判决查明事实清楚，适用法律正确，判决并无不当，本院予以维持。皖北医院及陈龙芳的上诉理由均不能成立，本院均不予采纳。依照《中华人民共和国民事诉讼法》第一百七十条、第二百零七条之规定，判决如下：驳回上诉人皖北煤电集团总医院及陈龙芳的上诉，维持安徽省宿州市埇桥区人民法院〔2012〕宿埇民一再初字第00014-1号民事判决。本判决为终审判决。

第六章

医疗伦理损害责任

医疗伦理损害责任，系医疗损害责任的基本类型之一，是指医疗机构及其医务人员违背医疗良知和医疗伦理的要求，违背医疗机构及其医务人员的告知或者保密义务，具有医疗伦理过错，造成患者损害的医疗损害责任。构成医疗伦理损害责任必须具备医疗伦理过错，因此造成患者人身损害以及其他合法权益损害的，医疗机构应当承担赔偿责任。医疗机构及其医务人员违反告知义务造成患者损害的系最典型的医疗伦理损害责任。过度医疗因违反医疗伦理和医生良知，造成患者财产损害的，也属于医疗伦理损害责任。医疗伦理损害责任的概念是借鉴法国医疗损害责任法的医疗伦理过错概念。使用这一概念可以概括这类医疗损害责任的基本特征，同时也揭示了这类医疗损害责任的具体规则。①

一、医疗伦理损害责任类型

（一）违反告知义务损害责任

医师的告知义务一般被认为源于医师的一般注意义务，系在 20 世

---

① 杨立新. 医疗损害责任法 [M]. 北京：法律出版社，2012：239.

纪60年代"患者自己决定权"理念上产生的。在日本，医疗说明是在医疗事务中最广泛被使用的概念。关于医疗说明这一概念有各种各样的学说，但一般来说，医疗说明这个词来源于德语。在德国，所谓说明是由专业性很强的"职业伦理法"予以规范的，另外，它在20世纪民法典制定之前就已经存在，它是依据以医生责任为基础的医疗合同这一概念所创立的法律定义。①

告知义务，又被称为说明义务，是指医师在其执行医疗行为过程中，将其诊疗对象的有关疾病诊断、治疗措施以及疾病发展和治疗措施所面临的风险向患者本人或者家属交代的义务。告知义务是医疗机构和医师极为重要的法定义务，对于保护患者的合法权益，界定医疗侵权责任，以及平衡受害患者、全体患者和医疗机构及其医务人员的利益关系，具有重要意义。在我国台湾地区通常称其为"告知义务"或"告知同意"。违反告知义务损害责任，一般是指医疗机构未对患者充分告知或者说明其病情，未对患者提供及时有用的医疗建议的医疗损害责任。这种医疗损害责任违反的是医师的执业良知和医疗伦理，没有善尽对患者所负的法定告知、说明、建议义务等积极提供医疗信息义务的过错，其侵害了患者或者患者近亲属的知情权。

（二）违反知情同意损害责任

知情同意权来源于患者自主权的兴起。知情同意权系患者及其近亲属的一项法定权利，实质上包括两项权利，分别为知情权和同意权。患者的知情权与医务人员的告知义务相对应，医务人员充分履行告知义务

---

① 植木哲. 医疗法律学［M］. 冷罗生，陶芸，江涛，等译. 北京：法律出版社，2006：128－129.

是患者行使知情权的保障，也是正确行使同意权的前提。患者知情权系指在医疗机构就诊过程中，患者及其近亲属享有的了解自己的病情、采取的医疗措施及可能面临的风险等的权利。患者同意权也被称为患者决定权或患者选择权，是患者在诊疗过程中，医务人员出于诊断疾病目的，拟在患者身上采取有创检查或者出于治疗疾病的目的，拟让患者服用比较贵重的药品或者实施对健康有损害的、有风险的治疗措施时，需要获得患者授权和同意，以便医务人员可以实施这些检查和治疗。因此，同意权实质上是患者对自己的财产权和生命健康权的自我处分。①美国卡多佐法官将患者自主权描述为："每一个心智健全的成年人都有权决定如何对自己的身体进行适宜的处置，任何外科医师未经患者同意实施手术就构成侵权，并因此对手术产生的损害承担责任。"自知情同意权诞生之日起，患者在知晓充分信息的基础上，同意接受医生即将实施的诊治就成为医疗行为正当性基础的一部分，若缺失患者的知情同意，医疗行为很可能直接转变为侵权行为。

违反知情同意损害责任是医疗机构及医务人员违反其应当尊重患者自主决定意愿的义务，未经患者同意，即积极采取某种医疗措施或者消极停止继续治疗的医疗损害责任。这种医疗损害责任类型违反的是医疗良知和医疗伦理，不经患方同意，就采取积极作为或消极不作为，是侵害患者的自我决定权的医疗损害责任。医疗行为的侵袭性由于具备正当性而被法律所容许，若丧失了正当性，医疗行为侵袭性所带来的对人体健康、生命造成的损害就成为法律所追究的责任基础。因此，患者同意系医疗行为合法性依据之一。1914 年，卡多佐法官在描述患者自主权

---

① 刘鑫. 医事法学［M］. 2 版. 北京：中国人民大学出版社，2015：70 – 71.

时指出，任何外科医生未经患者同意实施手术就构成人身侵害，并因此对手术产生的损害承担责任。

（三）违反保密义务损害责任

隐私权是自然人享有的对其个人、与公共利益无关的个人信息、私人活动和私有领域进行支配的一种人格权。隐私权的客体包括身体秘密等。患者隐私权是医疗活动中患者拥有保护自身的隐私部位、病史、身体缺陷、特殊经历等隐私，不受任何形式外来侵犯的权利。就医师而言，医师于医疗过程中，极容易接触患者的隐私，包括：（1）医师对病患的病情询问及在病患的陈述中，往往涉及病患的隐私；（2）医师对病患进行人身检查，可能触及病患的隐私部位；（3）对病患的血液、排泄物等进行检查，可能发现病患的某些秘密。

医师的保密义务从希波克拉底时代即成为医学伦理规范。希波克拉底誓词中明确要求医师在诊治病人时应严守保密责任，"关于我在治疗过程或过程之外所听闻有关病人生活，不应被人四处宣扬的讯息，我都会保守秘密"。1981年，世界医学会在召开年会时，所发布的病患权利宣言中，也特别指出："病患有权要求医师尊重其所有医疗及个人数据的隐秘性。"我国台湾地区《医疗法》第七十二条规定："医疗机构及其人员，因业务而知悉或持有病人病情或健康信息，不得无故泄露。"同时第七十四条进一步规定："病人之病历摘要及各项检查报告资料，只有在病人本人或其代理人要求或受委托而为鉴定或作证时，才能发给或使用。"

由于医患关系的特殊性，医生掌握着患者的情况、病史情况以及其他个人重要信息，这些都是患者的重大隐私信息，医疗机构及其医务人员和相关知情人负有保密义务。医疗机构及其医务人员违反保密义务，泄漏患者隐私或者其他秘密造成损害的，构成违反保密义务损害责任。这种行为造成的损害不是人身损害事实，而是隐私权等权利的损害事实。

二、医师违反告知义务医疗损害责任现状

本课题组研究 2013 年至 2016 年的安徽省医疗损害责任纠纷案例，分析发现告知不当系常见的主要医疗过错类型，且其常常与其他类型医疗过错合并存在。一般来说，告知不当不是导致不良医疗后果的主要原因，告知不当与损害后果之间无直接因果关系。立法者从保护患者知情权的角度，则规定了医方较重的告知义务。从医事法法理上说，医方履行告知义务是患方行使知情同意权的前提，由于医患双方对于医疗信息掌握上的极度不平等性，无医方关于患者病情和医疗技术等的详细告知，患方无法行使同意权。

告知不当的主要表现形态包括未告知、告知内容不完善、告知程序不合法和告知形式不合法等。随着医疗机构管理水平的不断提高，医师法制意识的不断增强，未告知在司法实践中比较少见，但告知内容不完善则比较常见，主要是因为立法不能满足医疗实际需求所导致的。告知程序不合法主要指先治疗后告知，这严重侵犯了患方的知情权和同意权，系医患关系中"父权模式"的体现。告知形式不合法主要指法律规定应采用书面形式进行告知的，却采用口头或其他形式进行告知。

（一）我国医师告知义务的法律规定

医师告知义务是指医师在执业过程中，将其诊疗对象的有关疾病、治疗措施以及疾病发展和治疗措施所面临的风险向患者本人或者其近亲

属交代的义务。从学理上来说，医师告知义务的内容非常广泛，主要包括疾病诊断告知、检查措施种类及其风险告知、治疗措施及其风险告知、治疗方案选择告知、有创检查和有创治疗方法告知、意外伤害告知、转诊告知、会诊告知、医疗费用告知、出院康复告知等。也就是说，医师的告知说明义务贯穿于整个医疗过程，甚至包括患者出院后。

由于医师告知内容的广泛性，且目前我国医师面临巨大的工作压力，因此，我国侵权责任法仅对患者或者其近亲属特别重要的事项明确了医师的书面告知义务。《中华人民共和国侵权责任法》第五十五条规定："医务人员在诊疗活动中应当向患者说明病情和医疗措施。需要实施手术、特殊检查、特殊治疗的，医务人员应当及时向患者说明医疗风险、替代医疗方案等情况，并取得其书面同意；不宜向患者说明的，应当向患者的近亲属说明，并取得其书面同意。医务人员未尽到前款义务，造成患者损害的，医疗机构应当承担赔偿责任。"从上述规定来分析，我国立法明确了医师告知的内容包括病情、医疗措施以及实施手术、特殊检查、特殊治疗的风险和替代医疗方案。其中，对于患者存在较大风险的医疗行为如实施手术、特殊检查、特殊治疗的风险和替代医疗方案等则明确要求进行书面告知，否则，医师将承担相应的法律责任。

由于我国现行立法关于医师告知义务内容存在明确缺陷，有学者认为，我国大陆地区应借鉴台湾地区法院确认的医师说明义务的范围以进行相关立法完善，认为医师告知范围至少包括："（一）诊断之病名、病况、预后及不接受治疗之后果；（二）建议治疗方案及其他可能之替代治疗方案及其利弊；（三）治疗风险、常发生之并发症及副作用暨虽不常发生，但可能发生最严重后果之风险；（四）治疗之成功率，包括死亡率；（五）医院之设备及医师之专业能力等事项。"

（二）我国知情同意书的法律辨析

在我国医疗实践中，存在各种各样的知情同意书，如一般治疗知情同意书、手术知情同意书、输血治疗知情同意书、特殊检查知情同意书、特殊治疗知情同意书等。各类知情同意书因治疗手段和治疗目的之不同，而需向患者告知可能存在的不同治疗风险，但在司法实践中，即使出现了知情同意书中载明的不良医疗风险事件，有时司法鉴定机构仍然确认其诊疗行为存在过错，这使大多数医务人员往往不能理解，甚至产生对抗情绪。一般来说，医师将知情同意书视作免责的护身符，这是医师对知情同意书的法律性质存在的错误认识。笔者认为，知情同意书系医师履行告知义务的法律表现形式之一，履行告知义务是医师必须遵守的法定义务。医师未履行告知义务，即说明医师的诊疗行为存在过错，但医师履行的告知义务，若诊疗行为不符合法律、行政法规、部门规章、诊疗常规规范等，未达到当地的医疗水平，医师仍应承担法律责任。下面笔者将以手术知情同意书为例，对知情同意书的法律性质加以解释。

依据《病历书写基本规范》第二十三条的规定，手术同意书是指手术前，经治医师向患者告知拟施手术的相关情况，并由患者签署是否同意手术的医学文书。内容包括术前诊断、手术名称、术中或术后可能出现的并发症、手术风险、患者签署意见并签名、经治医师和术者签名等。目前，我国各类医疗机构基本上都有自己拟制的手术知情同意书。有些医疗机构的手术知情同意书适用于所有科室的所有手术类型，而有些医疗机构则针对不同科室拟制了不同的手术知情同意书，甚至针对不同的疾病制定特有的手术知情同意书。

从法律上来分析，手术知情同意书仅仅是医疗机构履行告知义务的重要形式，系医疗机构的法定义务。从手术知情同意书内容上来说，告知手术过程中存在的各种风险系医疗机构及其医务人员的不良医疗结果的预见义务。未预见各种不良医疗后果或者告知内容不全面，即首先证明医疗机构及其医务人员存在预见注意义务的过错。也就是说，不良后果预见义务系医务人员针对不良医疗后果采取风险补救措施的前提，若医务人员都未预见到可能存在的各类风险，则更不可能采取相应的风险规避措施。从逻辑上分析，即使手术知情同意书告知的内容非常全面，若医务人员仍存在术中操作不当或风险规避措施应对不当，医务人员仍应承担相应的侵权责任。

三、医师违反告知义务医疗损害责任案例

（一）特殊检查致患者损害的告知不当

案例 6 - 1

郭某某诉安徽医科大学附属巢湖医院医疗损害责任纠纷案

基本案情：

原告诉称，2014 年 8 月 19 日，原告因降结肠—乙状结肠肠壁增厚前往被告处做肠镜检查，当日下午 5 时，被告在为原告做肠镜检查的过程中，因肠穿孔而终止检查，事发后，被告没有立即采取措施，只是告知原告休息一会就没有事情了，原告离开医院几个小时后，因在住处疼

痛难忍再次来到被告处进行手术抢救治疗，经诊断，被告在为原告做肠镜检查过程中导致原告肠穿孔。后，原告两次前往中国人民解放军原广州军区广州总医院进行治疗，至今伤情仍未痊愈。原告因此事件遭受了巨大的损失，且在与被告沟通赔偿的问题上未达成一致，现要求人民法院判令被告承担相应的民事赔偿责任。被告辩称，原告诉称的情形与客观事实不符，2014年8月19日原告到被告处治疗，经检查发现被告肠内有空洞，考虑存在憩室，遂中止检查并邀请外科医师会诊，经诊断为降结肠空洞，原因待查。因当时原告并无特殊的症状，于是主治医师让其在住处（医院旁宾馆）观察，当时主治医师也留了电话号码给原告，并嘱咐有问题电话联系，大概一个小时后，原告出现症状并打电话联系医师，主治医师也联系相关科室，并安排原告住院且及时救治，因此原告在诉状中所称的主治医师对其未做任何嘱咐不符合事实；对医疗过错鉴定结论中医院过错参与度75%—95%有异议，认为应当根据本案的客观事实情况认定医院应当承担的责任，本案中原告是因为肠镜检查出现了消化道穿孔，本来消化道穿孔就是肠镜检查的并发症，被告也向原告下发了肠镜检查知情同意书，该同意书中也列举了可能出现的意外，其中包括肠穿孔，原告本人在该同意书中签字予以认可；主治医师在诊疗过程中已经尽到谨慎注意的义务，并不存在过于自信或者疏忽大意的情形，在原告做肠镜检查的过程中，主治医师发现原告存在憩室的可能后，便终止了检查，且并没有放任不管，而是嘱咐其在宾馆暂住留置观察，在原告出现症状后也及时做了处理；从本案相关医疗材料来看，原告自身肠壁内存在憩室，在做肠镜检查的过程中，因为充气导致憩室破裂，这是由于原告自身的疾病所导致，因此被告对鉴定结论中过错参与度的比例不予认可。

法院认定事实：

2014 年 8 月 19 日 17 时原告郭某某因降结肠—乙状结肠炎性病变在被告安徽医科大学附属巢湖医院处进行肠道检查，在肠镜检查过程中，原告出现不适症状，被告肠镜检查医务人员曾邀请普外科医生进行会诊，但是未做特殊处理，后原告便离开医院。同日 20 时许，原告因"突发腹部疼痛不适约两小时"再次入院治疗，被诊断为：结肠破裂、弥漫性腹膜炎，并进行乙状结肠破裂修补加肠外置术。手术后原告于 2014 年 12 月 10 日前往中国人民解放军原广州军区广州总医院进行结肠造瘘还纳术，并于 2014 年 12 月 25 日出院。经江苏省人民医院司法鉴定所鉴定，被告在诊疗过程中存在过错，其参与度建议在 75% 至 95% 范围，且经南京金陵司法鉴定所鉴定，原告郭福明因被告的诊疗行为构成十级伤残，误工期为 90 天，护理期为 60 天，营养期为 90 天。另原告之子郭某曾向被告安徽医科大学附属巢湖医院借款贰万元用于原告去外地的治疗。

本院认为：公民的身体健康权受到法律的保护，本案中，系原告在被告处做肠镜检查而致使消化道穿孔，消化道穿孔虽然是消化内镜检查常见的并发症之一，但是内镜检查操作失当是本起纠纷产生的主要原因，且在检查的过程中，原告在出现相关症状后，被告方放任原告离院，延误了早期诊断的时机。故本院认为，本案中被告安徽医科大学附属巢湖医院应当承担本起医疗事故的主要责任，承担比例于 85% 较为适宜。

案例 6 - 2

杨某某、薛某等诉安徽省立医院医疗损害责任纠纷案

基本案情:

患者薛某某 10 年前出现劳力性胸痛,伴左肩疼痛,胸痛最长可达半小时,未就诊。2009 年后自觉胸痛较前明显,前往蚌埠医学院附属医院门诊就诊,发作时心电图示:下壁和前壁 ST 段下降。拟诊:心绞痛,建议行冠脉造影术。患者暂不同意,口服拜阿司匹林、泰嘉、倍他乐克缓释片、欣康片治疗。3 月后用药完自行停药,仅口服欣康和双金片。2011 年 2 月 16 日,患者自觉胸痛无明显缓解到被告安徽省立医院处求诊,因陈旧性心肌梗死和不稳定型心绞痛而收治入院。2 月 17 日,医院行冠脉造影检查显示:左主干短,自中段至三叉前中度狭窄,前降支自近段完全闭塞,粗大的 D1 近段及中段广泛性重度狭窄,最严重处狭窄达 90%,可见 D1 远端向前降支远端提供侧支循环,回旋支近端严重狭窄达 90%,发出粗大 OM 后完全闭塞,近段最重狭窄达 90%。后于 2011 年 2 月 21 日行冠状动脉 PCI 手术,术中见冠状动脉左前降支中远段完全闭塞,D1 植入 1 枚药物涂层支架,左主干前叉采用 SKS 技术植入 2 枚药物支架,右冠近中段植入 1 枚药物涂层支架,术中顺利,后于 2011 年 2 月 23 日出院。2011 年 2 月 26 日,患者因 PCI 术后 5 天,再发胸闷伴出汗半日再次入住被告处治疗,诊断为陈旧性心肌梗死、PCI 术后亚急性支架血栓形成和心功能 IV 级。于 2011 年 2 月 27 日 4 时

许行冠脉造影＋PTAC＋主动脉球囊反搏手术，术中见左主干中段完全闭塞，前降支及回旋支前向血流 TIMI0 级。予以球囊扩张后，血流恢复，患者胸痛缓解，但仍持续性血压偏低，并出现急性心力衰竭表现。此后，患者呈持续心脏功能衰竭表现，并逐渐加重，于 2011 年 3 月 12 日 14 点 30 分抢救无效死亡。

司法鉴定意见：

案件审理过程中，原告和被告分别申请对被告的诊疗行为是否存医疗过错，以及薛某某医疗过程中死亡与被告的诊疗行为是否有因果关系进行鉴定。法院依法委托司法鉴定科学技术研究所司法鉴定中心对上述事项进行鉴定。司法鉴定科学技术研究所司法鉴定中心出具鉴定意见书认为，通过患者的病史材料分析，支架植入术后并发支架内亚急性血栓形成，引起急性心力衰竭死亡。患者第一次手术后并发支架内亚急性血栓形成，属少见并发症，该并发症死亡率高，对多种处理反应欠佳，救治存一定困难。诊断明确，具备手术指征，被告为患者行冠状动脉支架植入术优于药物治疗，原则上并无不妥，手术操作过程无明显不当。但审查被告的病史材料发现，患者手术方式选择和抢救时机的把握方面存一定不足：

第一，患者冠状动脉造影显示累及主干的三支病变，应首选冠状动脉搭桥术，病程记录中记载患者冠状动脉造影后，被告建议患者行外科 CABG 术，患者家属拒绝，但未见患者本人及家属的签字确认的相关记录，说明院方手术方式的选择上与患者沟通存一定欠缺，告知欠充分。

第二，患者经第二次住院证实冠状动脉支架内血栓形成，该并发症属于冠状动脉支架植入术的严重并发症之一，原则上急诊 PCI 可以改善不良后果，但 2011 年 2 月 26 日患者行冠状造影＋PTAC＋主动脉球囊反搏手术，一定程度上延误了对患者的治疗时机。故认为被告对患者薛某某的医疗行为存一定不足，且与薛某某死亡之间存一定因果关系，在死因构成中为次要因素。由于该术后并发症属少见并发症，死亡率高，对多种处理措施反应不佳等，抢救确有一定困难，建议被告对患者的医疗过失行为参与度为 20%—30%。

被告收到鉴定意见书后，对该意见书中认定医院与患者本人及家属沟通存一定欠缺，告知欠充分，以及患者介入手术出院后因血栓再次入院时，医院出现一定程度上延误治疗时机的鉴定意见持有异议。对此，司法鉴定科学技术研究所司法鉴定中心给予如下回复："第一，有关签字问题，患者的病历材料中有一张高值耗材使用登记表，并有患者家属所签'同意使用'字样签字。同时申请理由部分也讲到了关于手术方式问题，但听证会过程中患方陈述该'申请理由'部分是后补的。鉴定中心认为'高值耗材使用登记表'并非病历中的常规内容，有关手术方式的选择应在病程记录和手术知情同意书中注明并应请患方签字确认。因此，本中心认为本案中被告手术方式的选择与沟通存一定欠缺，告知欠充分。第二，有关手术时间问题，鉴定中心审阅病史材料时并未见有关确切记载有手术时间的手术记录，仅见到 2011 年 2 月 27 日 4：58 的术后小结。患者发生的是冠脉支架内血栓形成的并发症，急诊 PCI 可以改善不良后果，如入院之初尽早行手术治疗，可改善患者愈后，本例即使被告于 2011 年 2 月 26 日夜 12：00 手术，也一定程度上延误了对患者的救治时机。"

案例 6 - 3：

从某某诉砀山县李庄镇卫生院医疗损害责任纠纷案

基本案情：

2013 年 12 月 25 日，原告从某某因感到胃部胀痛不适至被告砀山县李庄镇卫生院就诊，被告对其进行生化卫生检查后进行电子胃镜检查。胃镜检查后原告疼痛不适加重，于 2013 年 12 月 25 日 19 时到砀山县人民医院做 CT/MR 检查，诊断为：纵隔气肿，上胸壁皮下气肿。次日 1 时转到徐州医学院附属医院住院治疗，入院主诊断为：纵隔气肿；其他诊断为高血压病。在徐州医学院附属医院住院治疗 9 天。2014 年 1 月 4 日出院，出院记录中载明：出院诊断为纵隔气肿、高血压病，患者入院后禁食，予补液营养支持及抗炎治疗，皮肤切开排出皮下积气。行气管未见明显损伤，上消化道泛影葡胺造影亦未见明显食道瘘，今请耳鼻喉科会诊，行电子喉镜检查示：杓区黏膜稍水肿，未及明显异物及损伤。2014 年 1 月 5 日在程庄镇卫生院进行继续治疗。

医学会鉴定意见：

砀山县卫生局于 2014 年 2 月 10 日委托宿州市医学会进行医疗鉴定，宿州市医学会于 2014 年 3 月 28 日作出宿医鉴〔2014〕5 号医疗事故技术鉴定书，结论为本病例为四级医疗事故，医方负次要责任。从某某对该医疗事故技术鉴定书不服，砀山县卫生局于 2014 年 5 月 15 日委托安徽省医学会进行医疗鉴定，安徽省医学会于 2014 年 5 月 28 日作出皖医鉴〔2014〕9 号医疗事故技术鉴定书，结论为本病例为四级医疗事故，医方承担主要责任。

法院认定事实：

本案中，原告从某某因胃部不适到砀山县李庄镇卫生院诊治治疗，双方形成医疗服务关系。被告砀山县李庄镇卫生院在诊疗过程中没有按照医疗规范接诊患者，在胃镜检查前没有书面告知原告可能出现的并发症，未尽到告知义务和知情同意，胃镜检查后出现皮下、纵膈气肿，属于并发症，该并发症与胃镜检查有因果关系，被告对此存在过错，应当承担相应的赔偿责任。经砀山县卫生局委托，宿州市医学会和安徽省医学会组织了有关专家对本起医患纠纷进行了两次鉴定，均认定本病例属于四级医疗事故。虽然两次鉴定的结论并不一致，但安徽省医学会的鉴定操作程序合法，论证分析说明更充分全面、鉴定结论更符合客观事实，故本院依法采信安徽省医学会作出的鉴定意见。故被告要求采用宿州市医学会作出的鉴定意见的抗辩意见，本院不予支持。

案例 6 – 4：

出院医嘱告知不详的法律风险

石某某诉安徽省宿州市立医院医疗损害责任案

基本案情：

2012 年 9 月 20 日，原告石某某因摔伤入住被告安徽省宿州市立医院，被诊断为右股骨远端粉碎性骨折，被告为原告石某某行右股骨远端切开复位内固定＋植骨术。石某某于同年 10 月 13 日出院。出院医嘱：

继续加强患肢功能锻炼；定期摄片复查，视骨折愈合情况决定下地负重；我科随访。后石某某感到骨折处不适，到宿州市立医院摄片检查发现钢板断裂。2013 年 3 月 7 日，安徽省宿州市医学会作出"出院医嘱告知不详细，医方存在一定过失；患者右股骨骨折内固定材料钢板断裂与医方过失有因果关系，医方应负主要责任"的鉴定意见。

法院认定：

经审理查明：2012 年 9 月 20 日，原告石某某因摔伤入住被告宿州市立医院，被诊断为右股骨远端粉碎性骨折，被告为原告石某某行右股骨远端切开复位＋内固定＋植骨术。石某某于同年 10 月 13 日出院，支出医疗费 55247.80 元（其中在乌鲁木齐市城镇职工基本医疗保险报销 36784.99 元）。出院医嘱：继续加强患肢功能锻炼；定期摄片复查，视骨折愈合情况决定下地负重；我科随访。后石某某感到骨折处不适，到宿州市立医院摄片检查发现钢板断裂。2013 年 3 月 7 日，安徽省宿州市医学会作出宿医鉴〔2013〕6 号医疗损害鉴定书。其中分析意见为：患者于 2012 年 9 月 20 日入院诊断明确，26 日行内固定术式选择正确，术后恢复良好；出院医嘱告知不详细，医方存在一定过失；目前钢板断裂与医方过失有因果关系，医方应负主要责任。该鉴定书作出了目前患者右股骨骨折内固定材料断裂与医方过失有因果关系，医方应负主要责任的鉴定意见。

四、告知不当的法律风险规避措施

告知不当系医疗损害诉讼案件中最为常见的医疗过错类型之一，系医疗机构和医务人员面临的主要医疗伦理风险。笔者认为，医疗机构和医师完善医疗告知程序和内容系规避告知不当医疗风险的关键环节。

第一，从告知程序上说，虽然我国侵权责任法仅就手术、特殊检查和特殊治疗规定应通过书面形式向患者或近亲属告知，并取得其书面同意。由于在诉讼中过程，医方需举证证明其履行了相应医疗风险的告知义务，因此，笔者认为，对于病情和医疗措施的告知仍应采取书面形式，若采取口头形式告知，医方将承担举证不能的不利法律后果。

第二，从告知内容上说，笔者建议不同科室针对不同的手术类型、特殊检查和特殊治疗方法可能存在的不同医疗风险拟制特定的知情同意书，以尽可能做到有针对性。

第三，关于替代医疗方案问题，随着医疗科学技术的飞速发展，针对同一疾病存在不同的治疗方法，而不同的医疗方法也各有其利弊，因此，针对同一疾病的不同治疗方法的优点和缺点，作为医疗机构和医务人员均应向患者及其近亲属进行详细书面告知和说明，以利于患方正确行使治疗方案选择权。

第七章

医疗技术损害责任

　　医疗的目的在治疗救人，但在医疗过程中如稍有疏忽，就有可能危及病患的健康甚至生命，如此即与医疗的初衷相违，此疏忽致病患死伤之情形称之为医疗过失。过失乃怠于注意的心理状态。在罗马法时期，学者即将过失按其欠缺注意之程度为标准，分为六个态样：最严重过失、较严重过失、严重过失、轻微过失、较轻微过失和最轻微过失。后世法学家亦仿效罗马法为种种分类，但分类标准各有不同。①

　　医疗技术损害责任是医疗损害责任的基本类型之一，是医疗机构及其医务人员在诊疗活动中违反医疗技术的高度注意义务，具有违背当时的医疗水平的技术过错，造成患者人身损害的医疗损害责任。医疗机构的医疗过错行为既侵害了患者的医疗服务合同预期利益，也侵害了患者的固有利益，构成侵权责任与违约责任的竞合。《中华人民共和国侵权责任法》第五十七条规定的就是这种医疗损害责任类型。第五十七条："医务人员在诊疗活动中未尽到当时的医疗水平相应的诊疗义务，造成患者损害的，医疗机构应当承担赔偿责任。"立法要求医疗损害技术责

---

　　① 黄丁全. 医事法新论［M］. 北京：法律出版社，2013：286.

任必须具备医疗技术过错，即未尽到与当时的医疗水平相应的诊疗义务的主观心理状态，造成患者的人身损害，因而应当承担侵权责任。

一、医疗技术损害责任构成

（一）医疗技术损害责任以医疗过错为前提

医疗技术损害责任以具备医疗过错为构成要件，该法律特征与医疗产品损害责任不同，但与医疗伦理损害责任和医疗管理损害责任的构成要件是一致的，也就是说没有医疗过错，就不存在医疗技术损害责任。《中华人民共和国侵权责任法》第六十条就医方免责的抗辩事由进行了法律界定。第六十条规定："患者有损害，因下列情形之一的，医疗机构不承担赔偿责任：（一）患者或者其近亲属不配合医疗机构进行符合诊疗规范的诊疗；（二）医务人员在抢救生命垂危的患者等紧急情况下已经尽到合理诊疗义务；（三）限于当时的医疗水平难以诊疗。前款第一项情形中，医疗机构及其医务人员也有过错的，应当承担相应的赔偿责任。"

（二）医疗技术损害责任的过错属医疗技术过错

医疗技术损害责任的构成要件中所要具备的过错属于医疗技术过错，而不是医疗伦理过错或医疗管理过错。医疗技术过错以违反当时的医疗水平所确定的医疗机构及其医务人员所应承担的高度注意义务为标准，是违反医学科学上或者医疗技术上应尽的高度注意义务的疏忽大意过失或过于自信过失，因而与医疗伦理过错或医疗管理过错明显不同。我国台湾地区《医疗法》第八十二条第一项规定，医疗业务之执行，应善尽医疗上必要之注意。抽象地说，注意义务是指不使有害结果发生，而使意识集中谨慎行事之义务。注意义务的内容包括应为一定的防果行为以及应考虑危险的存在。医疗行为有无危险性，应依一般医师之医学知识作为判断标准，不能以医师自己主观的医学知识及经验为标准。如欠缺必要的医学知识、技能导致误诊，应负法律责任。

（三）医疗技术过错由患方承担证明责任

医疗技术过错与医疗伦理过错的认定方式不同，在一般情况下不是采取推定的方式，基本系上患方承担证明责任。由于侵权责任法的出台，目前，在我国民事诉讼中，医疗损害责任纠纷案件的举证责任分配是由患方就医方的医疗行为存在过错、医疗过错行为与损害后果之间的因果关系及原因力大小承担证明证明责任。《最高人民法院关于审理医疗损害责任纠纷案件适用法律若干问题的解释》第四条："患者依据侵权责任法第五十四条规定主张医疗机构承担赔偿责任的，应当提交到该医疗机构就诊、受到损害的证据。患者无法提交医疗机构及其医务人员有过错、诊疗行为与损害之间具有因果关系的证据，依法提出医疗损害鉴定申请的，人民法院应予准许。医疗机构主张不承担责任的，应当就侵权责任法第六十条第一款规定情形等抗辩事由承担举证证明责任。"《中华人民共和国侵权责任法》第五十四条规定："患者在诊疗活动中受到损害，医疗机构及其医务人员有过错的，由医疗机构承担赔偿责任。"

（四）医疗技术损害责任的损害后果

在医疗技术损害责任构成中，损害事实通常只包括患者的人身损害事实，而不包括其他民事权益的损害。只有医疗机构及其医务人员在诊疗活动中造成患者生命权、健康权或者身体权的损害，才能构成医疗技术损害责任。在医疗损害责任纠纷诉讼案件实践中，损害后果通常表现为死亡、伤残、劳动能力丧失和医疗、护理、误工等费用损失等。依据《最高人民法院关于审理人身损害赔偿案件适用法律若干问题的解释》第十七条的规定："受害人遭受人身损害，因就医治疗支出的各项费用以及因误工减少的收入，包括医疗费、误工费、护理费、交通费、住宿费、住院伙食补助费、必要的营养费，赔偿义务人应当予以赔偿。受害人因伤致残的，其因增加生活上需要所支出的必要费用以及因丧失劳动能力导致的收入损失，包括残疾赔偿金、残疾辅助器具费、被扶养人生活费，以及因康复护理、继续治疗实际发生的必要的康复费、护理费、后续治疗费，赔偿义务人也应当予以赔偿。受害人死亡的，赔偿义务人除应当根据抢救治疗情况赔偿本条第一款规定的相关费用外，还应当赔偿丧葬费、被扶养人生活费、死亡补偿费以及受害人亲属办理丧葬事宜支出的交通费、住宿费和误工损失等其他合理费用。"第十八条规定："受害人或者死者近亲属遭受精神损害，赔偿权利人向人民法院请求赔偿精神损害抚慰金的，适用《最高人民法院关于确定民事侵权精神损害赔偿责任若干问题的解释》予以确定。"2017 年 1 月 1 日，最高人民法院、最高人民检察院、公安部、国家安全部和司法部颁布实施的《人体损伤致残程度分级标准》为确定患者伤残等级标准的重要法定依据。

二、医疗技术损害责任类型

过失的类型就是注意义务的类型，也就是以注意义务存在为基础的具体事实的类型。论述医疗行为就应论及疾病的整个治疗过程，因此将医疗过程的各个阶段类型化，就等同于医疗过失类型化。就整体医疗过程来说，医疗行为包括诊断鉴别、治疗处置、预后判定、疗养指导、疾病预防等。有学者依据医疗技术行为目的之差异，将医疗技术损害责任分为诊断过失损害责任、治疗过失损害责任、护理过失损害责任、院内感染损害责任和孕检生产损害责任。[①]

（一）诊断过失损害责任

在医疗实务上，治疗行为是从医师与病患之间的交流开始的。简单地说，医师与病患的交流是医疗行为的开始，而医患交流则又是从诊断开始。诊断过失误害责任是最常见的医疗技术损害责任类型之一。诊断错误易发生在诊断过程完结之后，亦即必须是医师为病患诊断之后，对病患的疾病做出与疾病的本质不一致的判断，即诊断错误。一般来说，诊断过失包括诊断错误和诊断延误等类型。诊断错误包括误诊和漏诊。所谓误诊是指把无病诊断为有病或将此病诊断为他病；漏诊是指病患一身同时出现多种病症，表现出各种症状，医师只诊断其一病并给予治疗，却漏诊其他疾病。诊断错误又可以分为病变部位误诊、病变性质误诊和病因判断错误。而诊断延误是指由于各种原因导致诊断时间延长，导致产生不良后果。法国最高法院判断诊断过失的标准是一个理性的医生不可能出现这样的错误，才可以被认定为诊断过失，才会因此承担赔偿责任。笔者认为，诊断过失的判断标准是一个理性的医务人员在疾病诊断中，做出了不符合当时医疗水平的医疗行为，因而对患者疾病的错误判断，而如果是一个理性的医务人员不可能出现这样的错误，那就是诊断过失。

[①] 杨立新. 医疗损害责任法［M］. 北京：法律出版社，2012：296－297.

案例 7 - 1：

漏诊过失医疗损害责任纠纷案

何某某、方某某等诉枞阳县人民医院、上海长海医院医疗损害责任纠纷案

基本案情：

方某某因病于 2013 年 6 月 27 日到枞阳县人民医院就诊，主诉：反复中上腹肿痛 20 年，再发一周。诊断为可疑胃多发性溃疡、食道隆起糜烂性病变（性质待病理确诊）、贲门炎、慢性浅表性胃炎，当日入住该院。6 月 28 日，该院 CT 影像检查报告单显示：两肺慢支样改变、右肺上叶结核、左肺上叶纤维灶、纵隔淋巴结肿大、两侧胸腔少量积液、肝脏多发低密度影（考虑囊肿）。枞阳县人民医院对方某某进行完善相关检查、予以抗炎、抑酸护胃等对症处理。7 月 3 日出院。出院后用药及建议：温凉软食、回家带药、定期复查胃镜，门诊随访。治疗结果：好转。2013 年 7 月 4 日，方某某到上海长海医院就诊并进行相关检查，7 月 8 日放射科影像检查报告单显示：食管下段及胃贲门癌可能（请结合胃镜检查）、纵隔多发淋巴结肿大、右侧胸腔少量积液、双肺多发陈旧灶、肝脏多发囊肿。7 月 12 日入住该院胸外科，次日确诊为食管中段鳞癌、贲门腺癌、胃溃疡。7 月 16 日，上海长海医院为方某某予以食管癌、贲门癌切除和胃代食管吻合术，并于 7 月 27 日出院。2013 年 8 月 14 日，方某某在枞阳县人民医院进行检查。2013 年 9 月 8 日，方某某到上海长海医院就诊，当日因颈内静脉血栓入住该院普外科，诊断

为右颈静脉血栓形成、食道癌术后。该院于9月9日和9月10日分别为方某某予上腔静脉临时滤器置入、置管溶栓术和上腔静脉造影、临时滤器取出以及支架成形术，9月13日出院。该院2013年9月8日入院记录"现病史"记载：患者2月前因"食道癌"于我院行"食道癌根治术"，术后一周起逐渐出现头晕、胸闷，未予特殊重视，10天前逐步颜面部稍肿，以双侧颈部为著，至我院急诊就诊，行颈部CTV检查提示：右侧颈内静脉近段和上腔静脉血栓形成。该院9月8日和9月9日病历"鉴别诊断"均记载："肿瘤外压：可因肺癌、纵隔肿瘤等压迫上腔静脉而形成阻塞症状。"2013年9月27日，方某某到上海长海医院检查，于9月29日做电子支气管镜检查和9月30日做液基细胞学检查，10月8日液基细胞学检查报告单显示找到恶性细胞，怀疑小细胞癌或淋巴癌，当日病理检查报告单诊断：倾向小细胞癌。建议做免疫组化。之后，方某某在长海医院行纵隔淋巴结放疗。2013年12月27日，方某某因肺癌伴脑转移入住安庆市立医院，2014年1月24日出院。2014年6月4日，方某某因小细胞肺癌（广泛期）、食管癌术后、胃癌术后入住安庆市立医院，6月20日出院。

2014年4月17日，方某某向法院提出鉴定申请，要求：1. 通过司法鉴定确认枞阳县人民医院、上海长海医院具有医疗过失，侵害了患者的知情选择权，延误了患者针对小细胞肺癌应当及时进行放化疗，与方某某错误同意的食道手术以及随后再行的血管手术损失之间有因果关系；2. 通过司法鉴定，确认伤残等级。原审法院于2014年5月19日组织各方当事人对鉴定证据进行质证。5月27日方某某变更鉴定事项，要求通过司法鉴定：（1）确认上海长海医院和枞阳县人民医院具有医疗过错，对方某某造成了损害；（2）确认过错医院，对其食管手术和血管手术所遭受的损失负有完全赔偿责任,对方某某为确诊小细胞肺癌及放化疗所遭受的损失负有不低于60%的赔偿责任;(3)通过司法鉴定,确认方许苗伤残等级。法院遂依法委托南京金陵司法鉴定所进行司法鉴定,该鉴定所分析认为:2013年6月27日,方某某因"反复中上腹胀痛20余年,加重7天"入住枞阳县人民医院。医院给予方某某特殊检验及重要会诊,胃镜示:胃多发性溃疡(活动期),待病理诊断;食道隆起糜烂性病变、性质待病理;贲门炎;慢性浅表性胃炎(活动期);胃镜活检病理诊断为(胃角)黏膜慢性炎;(贲门口下胃体)黏膜慢性炎伴腺上皮中—重度异型增生,建议密切随访;胸部CT示:两肺慢支;出院时医嘱定期随访胃镜。枞阳县人民医院诊断和诊疗过程符合诊疗规范,但是胸部CT报告"纵膈淋巴结肿大,两侧胸腔少量积液"未予关注,未给方某某做肿瘤放免检查(包括呼吸道、消化道肿瘤指标和气管镜检查)存在过错。2013年7月16日,方某某在上海长海医院行食管癌、贲门癌切除和胃代食管胸内吻合术。术后病理检查结果为:食管黏膜内鳞状细胞癌(低分化)和贲门部早期腺癌(中分化)。上海长海医院诊断方某某患有食管癌和贲门癌明确,且均属早期,有手术指征,行食管及部分胃切除手术方式正确。上海长海医院在对方某某的诊疗过程中,对方某某胸部CT所见纵膈淋巴结肿大在手术前没有深究原因,仅查了CEA、CA199、CA724,未做肺癌三项地放免检查,也没有进行PET-CT检查。术后方某某多次出现昏厥症状,该症状为早期上腔静脉综合征的表现,上海长海医院未予重视,因此上海长海医院在对方某某的诊疗过程中存在过错,该过错与方某某肺部小细胞癌的未及时发现及早期得到治疗存在一定因果关系。由于方某某在上海长海医院手术前无任何与肺癌有关的症状(如咳嗽、咳痰、胸痛等)

出现，同时在一个人身上出现三个部位肿瘤的多发癌应属罕见，给早期诊断带来一定困难。因此，该鉴定所的鉴定结论：第一，枞阳县人民医院在对方某某诊疗过程中，对方某某胸部 CT 报告"纵膈淋巴结肿大，两侧胸腔少量积液"未予关注，未给方某某做肿瘤放免检查（包括呼吸道、消化道肿瘤指标和气管镜检查）存在过错，该过错与方某某肺部小细胞癌的未能及时发现存在一定因果关系，参与度以 5%—15% 为宜；第二，上海长海医院在对方某某的诊疗过程中，存在对方某某胸部 CT 所见纵膈淋巴结肿大在手术前没有深究原因，检查不到位，对方某某术后多次出现昏厥症状未予重视的过错，该过错与方某某肺部小细胞癌的未能及时发现及早期得到治疗存在一定因果关系，参与度以 50% 为宜；第三，被鉴定人方某某食道、胃部分切除，不宜评定伤残等级。鉴定结论送达当事人后，枞阳县人民医院对鉴定结论有异议，认为：鉴定报告认为枞阳县人民医院对方某某"纵膈肿大淋巴结，两侧胸腔少量积液"未予关注违背事实，因为该鉴定结论已认可"枞阳县人民医院诊疗过程符合诊疗规范"，并且在枞阳县人民医院的建议下，方某某于出院第二天即前往上海长海医院治疗。枞阳县人民医院不具备气管镜、胸腔镜及 PET – CT 等设备，也没有相关规定县级医院必须配备这些设备，所以枞阳县人民医院无法为病人做肿瘤放免检查，遂提交重新鉴定申请书。原审法院要求南京金陵司法鉴定所对枞阳县人民医院的重新鉴定申请书作出说明，南京金陵司法鉴定所出具《关于"重新鉴定申请书"的相关说明》，说明认为，枞阳县人民医院在 2013 年 6 月 28 日方某某的胸部 CT 检查报告中显示有"纵膈肿大淋巴结""两侧胸腔积液"，但该院的病程记录始终未提及上述异常情况，亦未对该异常情况的病因做进一步分析。出院建议及出院记录中无关于"纵膈肿大淋巴结""两侧胸腔积液"异常检查结果的相关告知和建议，所以该院存在未尽医疗注意义务的过错，该过错使方某某丧失了早发现和早治疗肺小细胞肺癌的机会。

在审理过程中，方某某于 2014 年 7 月 29 日死亡，其继承人何某某、方小某、方兰某、方瑞某等于 8 月 25 日申请作为原告参与诉讼，并变更了诉讼请求。法院于 2014 年 10 月 24 日公开开庭审理了本案。庭审中医患双方分别提交证据证明各自的主张，并就损害后果、赔偿范围及赔偿标准的确定展开了激烈的争论。庭审结束后，何某某等七人提出书面申请，要求南京金陵司法鉴定所对鉴定意见中"未能及时发现""未能早期得到治疗""过错参与度"所涵盖的损失范围作出说明。南京金陵司法鉴定所回复函称：本所鉴定意见中"未能及时发现""未能早期得到治疗"指的是被鉴定人方某某在此次诊疗过程中因小细胞肺癌的"未能及时发现"，丧失了是否实施食管癌手术的选择机会；因小细胞肺癌"未能早期得到治疗"病情恶化引起血管手术发生；因小细胞肺癌未能早期诊疗引起的"治疗效果损失"。因此，医疗损害参与度是针对被鉴定人方某某鉴定时综合损害后果而言。鉴定结论认为方某某系因自身疾病具备手术指征且手术方式正确，所以未予以评定伤残等级，并不等于经治医院如果及时发现被鉴定人"小细胞肺癌"的病情，其食道手术仍然必须实施。枞阳县人民医院认为，南京金陵司法鉴定所回复函超出了鉴定范围，法院并未委托鉴定损害后果，建议法庭不采纳回复函。上海长海医院认为回复函内容明显违背医学科学常识，肺癌与食管癌是两个癌和两个部位，根本不存在丧失食管癌手术机会的问题；回复函是在法庭调查结束以后再出具的，不应作为定案依据。

法院认为：公民的生命健康权受法律保护。方某某因病去枞阳县人民医院、上海长海医院就诊，两家医院 2013 年 6 月 28 日 CT 影像检查报告单、7 月 8 日放射科影像检查报告单分别显示方某某"纵隔肿大淋巴结""纵隔多发淋巴结肿大"，但两家医院均未对此予以关注，未对该异常情况的病因做进一步分析，尤其是上海长海医院在设备、技术均先进的情况下亦未为病人做肿瘤放免检查，手术前也没有深究原因，检查不到位，鉴定机构认为两家医院存在过错，该过错与方许苗肺部小细胞癌的未能及时发现存在一定因果关系，枞阳县人民医院参与度以 5%—15% 为宜，上海长海医院参与度以 50% 为宜，并无不妥，原审法院确认本案中枞阳县人民医院承担 15% 的赔偿责任，上海长海医院承担 50% 的赔偿责任。

（二）治疗过失损害责任

诊断为治疗的开端，而且诊断与治疗具有密不可分的关系，一经确诊治疗行为随行而来。但未经确诊之前，医师在可推测病因范围内，仍有紧急处置的义务。在医学上，紧急处置被认为合理时，纵事后判明系不适切的治疗，医师亦无责任可言。反之，医师如不履行紧急处置义务，等于治疗迟延，如发生不良损害后果，医方应承担治疗过失损害责任。在治疗过程中，发生治疗过失的原因，主要有医师的疏忽大意和对于治疗方法缺乏认识。对治疗方法无知是指医师不知有新的治疗方法，其所具备的医疗技术及知识因而不符合当时的医疗水平。医师应知医学发展的日新月异，医师应时时注意更新医学新知及新技术。

治疗过失损害责任是指医务人员在治疗过程中，未遵守医疗规范、规章、规程，未尽到高度注意义务，延误或实施错误的治疗行为，并造成患者人身损害后果的。一般情形下，治疗过失损害责任必须经过证明。但依据《中华人民共和国侵权责任法》第五十八条规定："患者有损害，因下列情形之一的，推定医疗机构有过错：（一）违反法律、行政法规、规章以及其他有关诊疗规范的规定；（二）隐匿或者拒绝提供与纠纷有关的病历资料；（三）伪造、篡改或者销毁病历资料。"在符合上述三种情形下，可以推定医疗机构及其医务人员存在过错。也就是说，医疗机构及其医务人员有责任拿出证据来证明其治疗行为符合法律、行政法规、规章和相关诊疗规范的义务。依据《医疗机构病历管理规定》第十三条的规定："患者住院期间，住院病历由所在病区统一保管。"所以，在医疗损害责任纠纷诉讼中，医方负有提交相关病历资料的法定义务。

《中华人民共和国侵权责任法》第五十五条规定："医务人员在诊疗活动中应当向患者说明病情和医疗措施。需要实施手术、特殊检查、特殊治疗的，医务人员应当及时向患者说明医疗风险、替代医疗方案等情况，并取得其书面同意；不宜向患者说明的，应当向患者的近亲属说明，并取得其书面同意。医务人员未尽到前款义务，造成患者损害的，医疗机构应当承担赔偿责任。"根据上述《中华人民共和国侵权责任法》第五十五条的规定，治疗方法的选择是医师执业过程中必须谨慎考虑的重要问题。笔者认为，在当时的医疗水平条件下，针对同一疾病存在多种有效的治疗方法，且各治疗方法之间存在替代性时，医师应遵循利益权衡原则向患方提供治疗方案的建议。医师治疗疾病，其治疗方法有积极和保守之分。在生命价值优先的前提下，医师在选择治疗方案时，不能不基于当时的医疗水平，考虑所采治疗方案的适当性，即医师在为治疗行为时，对于病患的生命、身体所产生之危险，与疾病治愈的利益应予以衡量。若所实行的治疗方案引发的危险性大于疾病治愈的利益，即属利益冲突而不应贸然实行。利益权衡的过程分为三个步骤：第一，确定相互对立的利益，即受到威胁或侵害的利益与所追求的利益与目的；第二，评价相互对立的利益，即对双方代表的利益进行分析和定性；第三，权衡相对立的利益，赋予一方利益较于另一方利益的优先地位。①

案例 7 - 2：

激素治疗过失的医疗损害责任纠纷案

王某某诉南京鼓楼医院、安徽省立医院医疗损害责任纠纷案

基本案情：

2007 年 5 月 17 日，王某某至安徽省立医院门诊就诊。主诉：头晕伴双下肢无力半月，睡眠差。查体：神清，BP110/80 mmHg，心肺（-）。医嘱肝功能待查，血、尿常规检查和 HbsAg 检查，并给予七叶神安片治疗。诊断为乏力待查。2007 年 5 月 18 日，王某某至安徽省立医院门诊复诊，安徽省立医院检查王某某生化指标大致正常；TG：2.51mmol/L，HbsAg（-），血、尿常规大致正常，给予维生素 BC 等药物治疗处理。此后王某某于 2008 年 4 月 10 日因"腰背痛"等为主诉至安徽省立医院就诊，并分别于 2009 年 7 月 11 日、2009 年 7 月 14 日、2009 年 7 月 16 日以"腰背痛及双下肢放射痛加剧"和"右下肢麻木、

---

① 黄丁全. 医事法新论［M］. 北京：法律出版社，2013：341 - 342.

乏力"等为主诉再次至安徽省立医院就诊。2009 年 7 月 16 日，安徽省立医院诊断王某某病情为胸椎骨折迟发型脊髓压迫症，处理：嘱每天神经妥乐平 3 ml，并随访。2009 年 10 月 31 日，王某某至南京市鼓楼医院脊柱外科住院治疗。王某某主诉：腰部疼痛伴双下肢麻木、乏力 7 月余，加重 2 月。既往史：有外伤史。南京市鼓楼医院查体示：T12 棘突旁叩击痛（ + ），有压痛，疼痛不伴下肢放射，腰椎活动稍受限，双下肢未见明显肌萎缩等。MRI 片示：T12 - L2 椎体水平脊髓病变，L1 椎体压缩性骨折，L4 椎体内脂肪瘤，胸腰椎退变，椎间盘变性。腰椎 CT 片示：T12 椎体骨质破坏。王某某入院后，医院给予止痛对症治疗，因放射检查提示椎体破坏，ETC 提示椎体病变，经南京市鼓楼医院科室讨论认为，王某某椎体病变明确，但原因不明，暂不进行手术治疗。诊断：T12 椎体病变伴不全瘫。南京市鼓楼医院向王某某家属交代病情后，王某某表示要求出院。2009 年 11 月 17 日，王某某出院。2010 年 1 月 26 日，王某某至南京市鼓楼医院神经内科住院治疗，主诉：腰痛五年，双下肢乏力一年，麻木半年余。既往史和现病史：十年前患有腰椎外伤，为 T12 - L3 压缩性骨折，平卧 20 天后正常负重活动，未手术治疗等。医院给予王某某查体、实验室检查、肌电图检查，王某某入院后给予脱水、营养神经、改善循环、激素抗炎等治疗。2010 年 1 月 29 日，王某某肢体无力加重，出现双下肢肌力 0 级，双膝反射降低，踝反射亢进，踝阵挛阳性等，医院会诊后诊断考虑脊髓蛛网膜炎，继续给予上述治疗，并分别于 2010 年 2 月 1 日、2010 年 2 月 4 日、2010 年 2 月 9 日和 2010 年 2 月 11 日行腰椎穿刺术和四次地塞米松鞘内注射及两次脐带间充质干细胞静脉滴注等治疗。2010 年 2 月 26 日，王某某出院，出院状况：双下肢肌力 0 级，左下肢肌张力可，右下肢肌张力低，双侧巴氏征阳性，踝阵挛活跃，双侧 T11 水平以下浅感觉减退。诊断为脊髓压迫症、脊髓蛛网膜炎、T12 胸椎压缩性骨折和 L3 椎体脂肪瘤。2010 年 2 月 26 日，王某某转入第二军医大学第二附属医院（上海长征医院）住院治疗，2010 年 3 月 6 日出院，出院诊断为外伤后脊髓压迫症和脊髓变性。2010 年 3 月 6 日，王某某转入上海长海医院住院治疗，入院诊断为胸椎陈旧性骨折并双下肢不完全瘫和胸椎后纵韧带钙化，医院于 2010 年 3 月 10 日为王某某行胸腰椎后路椎板切除减压和椎旁融合内固定术，术后继续甲强龙冲击治疗。2010 年 3 月 14 日王某某出院，出院诊断为胸椎陈旧性骨折并双下肢不完全瘫和胸腰椎黄纵韧带骨化。2010 年 3 月 14 日，王某某转入上海华佳医院住院治疗，并于 2010 年 4 月 3 日出院，出院诊断为胸椎陈旧性骨折并双下肢截瘫术后和胸腰椎黄韧带骨化。2010 年 4 月 3 日，王某某转入上海开元骨科医院住院治疗，并于 2010 年 4 月 26 日出院，出院诊断为腰椎骨折伴全瘫术后和尿路感染。2010 年 4 月 26 日，王某某转入安徽省中医学院第一附属医院住院治疗，于 2010 年 7 月 31 日出院，出院诊断为腰椎骨折伴双下肢瘫痪术后。2011 年 11 月 9 日至 2011 年 11 月 16 日，王某某至武警北京总队第三医院住院治疗，诊断为陈旧性胸椎骨折术后、陈旧性腰椎骨折、截瘫和泌尿系统感染。王某某在上述医院住院治疗期间，亦曾在复旦大学华山医院、上海长海医院门诊治疗。

司法鉴定：

本案于司法鉴定科学技术研究所司法鉴定中心听证过程中，王某某针对其在南京市鼓楼医院住院病案记载提出异议，但经询问后确认对该病案真实性无异议。司法鉴定科学技术研究所司法鉴定中心出具司法鉴定意见书认为：安徽省立医院对王恩好临床诊断"T12 胸椎压缩骨折迟发型脊髓压迫症"成立，该院针对王某某的临床症状首先给予相应药物（神经妥乐平）进行保守对症治疗并未违反医疗原则。2009年10月31日，南京市鼓楼医院诊断王恩好"T12椎体病变伴不完全瘫"和2010年1月26日的诊断"脊髓压迫症、脊髓蛛网膜炎和T12胸椎压缩性骨折"等可以成立。该司法鉴定中心还认为，南京市鼓楼医院首次对王某某诊疗期间认为王某某的椎体病变原因不明故暂不进行手术治疗，仅给予止痛对症治疗，尚未明显违反治疗原则。王某某经过两个月以后再次到医院就诊时，其神经系统阳性症状和体征较前次就诊时已经明显加重，其病情呈现加速发展的趋势。结合王某某临床表现、影像学检查和前期病程演变特点，2010年1月26日王某某就诊时已具有解除脊髓压迫的手术指征，而且也只有手术治疗才能更好地从根本上缓解脊髓压迫，仅用药物对症治疗不足以充分缓解其神经系统压迫症状和体征。根据病史记载，2010年1月28日，王恩好"双下肢乏力及麻木症状较前略有缓解"一定时间后又再次加重，说明经治医院给予的药物对症治疗确实起到了一定的缓解作用，但却是有限和暂时的。纵观王某某整个病情进展过程，其第二次入院时病情已经更加明显并呈进行性加重的趋势，结合其影像学动态改变以及脊髓的解剖学和发病学特点，南京市鼓楼医院对王某某仍采用药物保守对症治疗，显示出该医院对王某某的病情严重性认识、估计存在一定不足，对其首选治疗方案的选择和手术时机的把握存在不足。当然，对于王某某的病情而言，及时选择施行手术治疗，其风险亦相当高，若南京市鼓楼医院认为施行手术治疗的风险太大，则应对王某某尽到充分的告知义务以及转诊义务，以使其能够获得进一步相应治疗，在此方面，南京市鼓楼医院的不足属于医疗过错。王某某脊髓损害后果的发生是一个量变引起质变的过程，即陈旧性骨折造成的脊髓长期受压并引起脊髓继发性改变（如缺血变性、炎症等），最终因胸段脊柱结构的解剖学特点（椎管狭窄，脊髓容易受压等）和脊髓发病学特点（从可以代偿发展到难以代偿）导致截瘫，该过程是符合其自身病情发展特点的，因此王某某自身病情是最终截瘫的主要因素。但王某某自身病情属于既严重且复杂的类型，即使早期手术，亦具有相当高的风险。据此，司法鉴定科学技术研究所司法鉴定中心作出如下鉴定意见：南京市鼓楼医院的医疗过错与王某某的最终不良后果之间存在间接因果关系（系轻微因素），参与度拟为10%—15%；安徽省立医院的医疗行为与王某革的最终不良后果之间不存在因果关系。

一审法院认为：对于王恩好因病至安徽省立医院、南京市鼓楼医院接受治疗，双方形成医患关系并无争议。本案争议焦点在于司法鉴定科学技术研究所司法鉴定中心出具的司法鉴定意见能否依法采信并确认其证明效力以及王某某的各项诉讼请求是否具有事实和法律依据。首先，本案在委托司法鉴定科学技术研究所司法鉴定中心进行司法鉴定之前，王某某针对其在南京市鼓楼医院住院病案记载的真实性已予以认可。其次，王某某至安徽省立医院门诊治疗、南京市鼓楼医院住院治疗前，病案均明确记载其有外伤史，本案损害后果并非于原发于其门诊、住院治疗期间。关于王某某提出的对南京鼓楼医院疾病诊断和治疗过程的异议，司法鉴定科学技术研究所司法鉴定中心已在2013年4月15日书面回函及鉴定人员出庭接受质询过程中指出，王某某胸椎陈旧性骨折造成脊髓长期受压并引起脊髓继发性改变（如缺血变性、炎症）的特点，故南京市鼓楼医院于2010年1月26日诊断的"脊髓压迫症，脊髓蛛网膜炎，T12胸椎压缩性骨折"是成立的。同时，针对王某某提出的南京市鼓楼医院在没有给予王某某任何抗感染治疗的前提下给予大量激素治疗的质疑，司法鉴定科学技术研究所司法鉴定中心鉴定人员在出庭接受质询时也明确指出王某某符合激素注射治疗指征，且文献有记载，王某某2009年1月28日注射激素后病情加重的现象也未有因激素使用导致病情加重的证据，且该情况下使用激素治疗一般为首选。综合上述情况分析，司法鉴定科学技术研究所司法鉴定中心司法鉴定意见系经法院委托作出，鉴定人员具有鉴定资质，鉴定程序符合法律规定，经过庭审质证，王某某也未能提交证据证明该鉴定结论明显依据不足，不能作为证据使用，故根据《最高人民法院关于民事诉讼证据的若干规定》第二十七条之规定，该院依法确认该司法鉴定意见的证明效力。上述司法鉴定意见指出，南京市鼓楼医院对王某某的诊疗过程中存在医疗过错，该过错在一定程度上延误了王某某的治疗，使其丧失了尽早获得更好治疗以及减轻损害后果的机会，结合南京市鼓楼医院实施有过错诊疗行为发生的具体时间，该院确认其应对王某某2010年1月26日后的损害后果承担15%的赔偿责任。综上，一审法院认为南京市鼓楼医院应承担15%的赔偿责任。

王某某上诉称：一审法院采信错误的鉴定结论，判决被上诉人承担15%的赔偿责任，事实认定错误，法律适用错误，有失公正。（1）本案经司法部鉴定科学技术研究所司法鉴定中心对医院对王某某的医疗行为是否存在过错及过错与损害后果因果关系所作出的《司法鉴定意见书》，上诉人认为该鉴定书鉴定结论明显依据不足，违反客观、科学、公正、公平的鉴定原则，鉴定存在明显错误，对医方的过错鉴定不完整，造成认定医方的过错参与度比例过低。法院不应采信该鉴定结果。（2）针对鉴定机构出具的错误的鉴定结论，上诉人提出了书面的质询意见，并要求鉴定人员出庭接受质询，但鉴定人员对于上诉人质询，根本没有给予合理性解释，甚至对鉴定结论中存在明显的错误规避解答，根据相关规定，对其出具的鉴定结论，法院不应采信。鉴定机构认为南京鼓楼医院诊断王某某为脊髓压迫症、脊髓蛛网膜炎和T12胸椎压缩性骨折正确，但没有诊断依据，如果该诊断成立，南京鼓楼医院并未给予王某某抗感染治疗，在没有给予任何抗感染治疗的前提和条件下给予大剂量激素治疗也是错误的。鉴定机构认定2010年1月28日王某某双下肢乏力及麻木症状较前略有缓解，是激素的抗炎和消肿的作用，但是医嘱上反映激素地塞米松是在1月28日下午2时才使用的，且29日查房记录记载王某某在28日傍晚病情加重，不能站立，鉴定机构分析正好与事实相反，明显错误。（3）鉴定结论对医方的过错鉴定不完整，对于被上诉人存在明显的过错没有认定，被上诉人在明知上诉人病情恶化为使用激素所致，没有停药，简单地考虑为激素反跳现象，并第二次加大加倍使用激素剂量连续冲击，严重错误。激素反跳现象是指在长期使用糖皮质激素时，减量过快或突然停用可使原发病复发或加重，应恢复糖皮质激素治疗并常需加大剂量，稳定后再慢慢减量。故上诉人在首次使用大剂量激素后病情加重，根本不是反跳现象，被上诉人的分析判断是明显错误。医院不顾及激素使用的风险，继续给上诉人使用激素治疗并鞘内注射，共长达一个月，上诉人病情持续加重，只得出院，被上诉人还要求上诉人出院后继续使用激素。这些事实在被上诉人的病程记录中均有记载，医院明显违反激素使用原则，严重错误。但鉴定机构对此过错没有认定。南京鼓楼医院实施地鞘内注射激素违反使用方法存在明显错误，鉴定机构对此过错不予认定。南京鼓楼医院在2011年2月1日、4日、9日、11日连续使用鞘内注射，明显违反诊疗原则，存在重大过错。故本案中南京鼓楼医院完全违反激素临床使用原则，根本不顾及激素治疗的谨慎注意事项和高风险，直接造成王某某不可逆转的严重损害结果，但鉴定机构对于该明显过错不予认定，鉴定结论不完整，造成认定医方的过错参与度比例过低。一审法院不应采信该鉴定结果。

南京鼓楼医院二审辩称：一审认定事实清楚，鉴定意见是根据双方当事人申请由一审法院委托作出的，鉴定人员已对上诉人的质疑进行明确回复，并出庭接受质询，可作为证据采纳。南京鼓楼医院作出的激素治疗，符合治疗指征，没有证据表明上诉人病情加重是激素治疗导致的。

安徽省立医院二审述称：上诉人的上诉对省立医院的诊疗行为没有异议，一审关于省立医院的事实部分认定清楚，请求二审法院予以维持。

二审经审理查明：2010年1月26日，王某某至南京市鼓楼医院神经内科住院治疗后，南京市鼓楼医院的病历记录单反映，2010年1月28日医生查房记录：患者今日入院第三天，无明显腰背疼痛，双下肢乏力及麻木症状较前略有缓解，目前可予激素短期使用冲击治疗，观察疗效。当日下午2时，南京市鼓楼医院给予王某某使用激素。2010年1月29日上午，医生查房记录：患者今诉昨日傍晚起自觉双下肢乏力麻木较前加重，不能站立及行走，感双脚发胀，患者昨日使用激素后症状较前有所加重，不排除为暂时的反跳性反应。当日下午，病历记录单显示：患者今日病情继续加重，下午已双下肢完全不能活动，麻木感加剧，患者症状较前明显加重，暂无手术指征，病变性质仍不明确，考虑为炎症性改变可能性大，可予激素加量，加用甲强龙冲击治疗，注意预防副作用。二审庭审审理期间，南京市鼓楼医院认可自2010年1月28

日对王某某使用激素治疗后，王某某的病情并未得到缓解，南京市鼓楼医院后变更治疗方案为加量激素冲击治疗，并增加鞘内激素注射的方式。原判认定的其他事实无误，本院予以确认。

法院认定事实：

本院认为：王某某因双下肢感觉功能障碍等症状至南京鼓楼医院就诊，南京鼓楼医院在诊疗过程中存在医疗过错已经鉴定结论和一审判决所确认，南京鼓楼医院未针对一审判决提出上诉，故其存在医疗过错行为的事实，本院予以认定。本案二审争议的焦点主要在于：第一，南京鼓楼医院的医疗过错行为与王某某的损害后果之间因果关系和参与度的认定。根据王某某在南京鼓楼医院就诊的过程可以反映，王某某于2010年1月26日入院后，南京鼓楼医院给予其营养神经治疗，王某某于2010年1月28日反映双下肢乏力及麻木症状较前略有缓解，后该院给予激素冲击治疗，王某某遂产生双下肢乏力麻木持续加重的症状。南京鼓楼医院亦认可在对王某某进行激素治疗后王某某的病情一直未能得到缓解，故司法鉴定科学技术研究所司法鉴定中心的鉴定意见书中关于王某某在使用激素后，双下肢乏力及麻木症状较前略有缓解的分析明显与事实不符。南京鼓楼医院在王某某进行激素治疗后病情未缓解且加重的情形下，未能注意观察疗效，预防副作用，仅简单考虑为暂时的反跳性反应，仍然坚持激素治疗方案，加大激素使用剂量，增加鞘内激素注射治疗方式。而从医学角度考虑，反跳现象一般是指某些疾病经过激素治疗后症状缓解，突然停药或减量太快而使原病复发或恶化。同时长期使用激素治疗亦会产生诱发或加重感染的不良反应。本案中南京鼓楼医院给予王某某激素治疗后，其病情并未得到缓解，且在第一次使用激素后即产生双下肢乏力麻木较前加重，不能站立及行走的症状。故南京鼓楼医院在未确定王某某病情加重原因的情况下，未结合患者个体身体对激素的承受能力，在使用激素冲击治疗时未能给予患者合理使用期间、剂量、疗效、副作用的考量，在激素治疗效果差的情况下，未及时变更诊疗方案，显然对王某某的病情加重存在医疗过错。同时，司法鉴定科学技术研究所司法鉴定中心的鉴定意见书中已明确，结合王某某的临床表现、影像学检查和前期病程演变特点，王某某在2010年1月26日入院时已经具有解除脊髓压迫的手术指征，而且只有手术治疗才可能更好地从根本上缓解脊髓压迫，仅用药物治疗不足以充分缓解其神经系统压迫症状和体征，南京鼓楼医院对王某某仍然进行药物保守治疗，显示出该院对王某某的病情严重性认识、估计存在一定不足，对其首选治疗方案的选择和手术时机的把握存在不足。在此方面南京鼓楼医院亦存在医疗过错。考虑到王某某脊髓损害后果系胸椎陈旧性骨折造成脊髓长期受压并引起脊髓继发性改变（如缺血变性、炎症等），最终因胸段脊柱结构的解剖学特点（椎管狭窄、脊髓容易受压等）和脊髓发病学特点导致截瘫，该过程是符合王某某自身病情发展的，故王某某自身病情是最终截瘫的主要因素。根据上述分析，结合南京鼓楼医院在诊疗方案选择、手术时机把握上的不当以及王某某自身病情发展的情节，本院酌定南京鼓楼医院的医疗过错行为与王某某的损害后果之间的因果关系参与度为40%。第二，王某某精神损害抚慰金的认定。根据最高人民法院《关于确定民事侵权精神损害赔偿责任若干问题的解释》的有关规定，精神损害的赔偿数额根据侵权人的过错程度、侵害的手段、场合、行为方式等具体情节、侵权行为所造成的后果、侵权人的获利情况、侵权人承担责任的经济能力、受诉法院所在地平均生活水平等因素确定，本案中，南京鼓楼医院在对王某某诊疗行为中的医疗过错行为导致王某某病情未能得到缓解，并存在病情加重的症状，给王某某身心带来一定的痛苦，结合南京鼓楼医院的医疗过错行为与王某某的损害后果之间的因果关系参与度，本院酌定王某某的精神损害抚慰金的数额为 30000 元。

（三）护理过失损害责任

护理工作是我国医疗卫生事业的重要组成部分，广大护理人员在防病治病，抢救生命，促进康复和减轻痛苦等方面担负着重要责任，在构建和谐医患关系中发挥着重要作用。在医疗服务中"三分医疗，七分护理"，护理工作的质量直接关系到病患的医疗安全、治疗效果和身体康复。就整个医疗环境来看，疾病的诊治固然是医师的天职，但护理人员对于疾病的治疗所担负的责任与医师不相上下。护理工作是否完善，便决定着医疗效果的成功与失败。

护理过失损害责任是指护理人员等医疗辅助人员在照护上的过失或超越护理业务范围等造成患者损害的医疗技术损害责任。通常来说，护理过失主要包括护理明显不周、怠忽护理规则、违反医疗制度、忽视特殊护理和怠于执行医嘱等类型。护理不周主要表现为观察病患不细心、不按时巡视病房、病患病情变化未能及时发现而导致失去抢救时机等。怠忽护理规则则主要表现为：对神志不清和处于昏迷状态下的病患、行动不能自理的病患等不认真执业护理规则，不采取必要的安全措施，导致发生病患坠床，造成头部及其他部位的外伤、脑震荡、骨折、各种引流管及静脉输液脱出和气管切开的病患气管套脱出堵塞等。护理人员在护理工作中，对病患异常情绪反应不加观察，对有自杀意念的病人不采取防范措施，护理人员亦应承担相应责任。病患可分为高危人群和一般人群，在护理工作中，对于昏迷、谵妄、暴躁等无法沟通的病患，护理人员应加强监护护理工作，必要时使用保护性约束措施。护理人员不认真执行医嘱、抄错医嘱，对于结扎止血带不及时解除，造成组织坏死、肢体残疾等均属护理过失。

（四）手术过失损害责任

手术过失损害责任属于治疗过失损害责任之一种，亦系常见的医疗技术损害责任之一。手术是指凡透过外科设备或仪器，在外科医师或其他专业人员的操作下，进入人体或其他生物组织，以外力方式借着对病患的身体施加切开、切除、分离、摘出或穿刺或接着缝合，以排除病变、改变构造或植入外来物，恢复健康的处理过程。

手术过失不仅表现为手术实施过程中，也可以表现为手术前和手术后。手术前应解决两个基本工作：第一，手术治疗方法是否适当；第二，手术治疗方法的术前准备工作。第一个方面是医师通过对患者所患疾病、病因、分期以及手术治疗效果，乃至可能发生的风险，与不施行手术治疗而以其他方法治疗的可能性、有效性等进行详细且具体比较与评估。手术前医师应对病患做确实的诊断与检查，确定其重要脏器功能正常，始得实施手术。未经检查径为手术者，如发生不良后果，即为术前过失。

术中异物残留系常见术中过失。常见的手术室异物遗留包括器械、缝针等尖锐物和纱布等。在医疗实践中，手术开始前巡回护士应督促清点器械、纱布、缝针等数目并准确记录。在关闭体腔或深部手术将结束前，协助器械护士清点及核对上述物品，以防止遗留于体腔内或组织内。笔者认为，手术异物遗留属手术异常现象，医师在手术终了前应履行清点的注意义务，若由于医师怠于履行上述义务则应承担过失赔偿责任。

医疗行为的目的在于治疗疾病，而要使疾病的症状减轻或治愈，手术只不过是过程中的一小部分。手术是否达到预期效果，则必须依赖于术后的观察方能确认。特别是术后 24 小时，医师应密切观察患者的生命体征变化、伤口包扎情况、穿刺部分有无出血等。一旦发现异常情况，则应立即处置。

案例 7-3：

手术时机选择不当的医疗损害责任纠纷案件

李某诉皖南医学院弋矶山医院医疗损害赔偿纠纷案

基本案情：

2014 年 5 月 21 日，原告因"反复右上腹胀痛不适 8 年余，再发加重半月余"而入住被告医院肝胆外科。同年 5 月 26 日，原告接受全麻下"腹腔镜下胆囊切除术"，术后出现严重腹痛及腹腔引流出棕黄色液体；两日后，原告再被施以"剖腹探查+十二指肠造瘘+空肠营养管置入+腹腔引流术"，但术后出现反复发热，并有腹痛，故原告于 6 月 5 日转入中国人民解放军原南京军区总医院普通外科住院，入院诊断：腹腔、腹膜后感染；十二指肠瘘；剖腹探查、十二指肠造瘘术后；LC术后。6 月 10 日，原告在第三次全麻下被行"剖腹探查、腹膜后坏死组织清除、经瘘口十二指肠腔内双套管引流、腹膜后及腹腔内纱垫填塞、双套管冲洗引流术"。6 月 17 日，再行"腹腔填塞纱垫取出、双套管冲洗引流术"。此后，原告病情开始逐渐好转，遂于 7 月 18 日转向被告医院继续住院治疗，并于 9 月 29 日出院。

鉴定意见:

在审理过程中,原告申请对被告的医疗行为是否存在过错、被告的过错与原告的损害有无因果关系及原告的伤残等级、出院后根据病情需要的休息期、护理期、营养期进行鉴定,被告申请其对原告施行的医疗行为与原告的损害后果之间有无因果关系及参与度进行鉴定,本院依法委托安徽广济司法鉴定所进行鉴定,该所于 2015 年 3 月 11 日出具安徽广法鉴字〔2015〕第 01099 号鉴定意见书,在鉴定书的分析说明中认为:第一,根据所提供病历,被鉴定人李某因"反复右上腹胀痛不适 8 年余,再发加重半月余"而入住被告处住院治疗,根据相关检查,被告诊断为"慢性胆囊炎急发、胆囊结石"。鉴定人认为,该诊断正确,与患者实际病症相符。被告根据患者病情,与患者讨论后决定选择给予手术治疗,手术方式为"腹腔镜下胆囊切除术"。该手术方式为目前普通外科较为成熟的方式,通常较为安全有效,根据医学资料,被告选择该手术方式符合医疗常规,并无不当。第二,患者 2014 年 5 月 21 日住院,被告于 5 月 26 日对患者施行"腹腔镜下胆囊切除术"。鉴定人认为,该患者为"慢性胆囊炎急发、胆囊结石",根据本次急性发作后局部炎症水肿应该比较严重,通常应考虑先保守治疗,待局部炎症稳定后再行手术治疗较为稳妥,急性期手术风险较大,容易出现并发症。该患者在急性炎症没有得到有效控制的情况下进行"腹腔镜下胆囊切除术",加大了手术难度和风险,鉴定人认为虽然术前医院方对患者方有相关告知,但没有特别告知及相关风险约定的协议及签字,医院行为存在不足。第三,该患者在行"腹腔镜下胆囊切除术"后出现"十二指肠瘘",根据医学资料,该病症系手术并发症。该并发症在此类手术中有一定的发生率,其发生与患者病情、手术方式及手术时机的选择及手术本身等均可能有一定关系。根据该案具体情况，鉴定人认为该患者在被告处治疗期间，医院医疗行为存在一定过错。参与度评定的依据应遵循法医学因果关系判定准则，在法医学鉴定实践中，参与度评定尚属于学理性探讨内容，参与度大小的把握存在一定的主观因素。因此，鉴定人对参与度的评定仅为供审判参考的学术性意见，而非确定审判赔偿程度的法定依据。就本例而言，根据医院责任及风险合理承担原则，鉴定人认为造成患者出现手术后并发症，医院方存在一定过错，其自身疾病也有一定关联，责任比例为医院方为主要责任（50%—60%），建议参考采纳。四、根据原告伤情，其伤残等级评定为十级；应酌情给予其治疗休息 120 日、营养期 120 日、护理期 60 日。故得出鉴定结论为：（1）被鉴定人李杰在被告处行"腹腔镜下胆囊切除术"后出现"十二指肠瘘"，医院医疗行为存在一定过错。（2）根据医院责任及风险合理承担原则，鉴定人认为造成患者出现手术后并发症，医院方存在一定过错，其自身病症也有一定关联，责任比例为医院方主要责任（50%—60%），建议参考采纳。（3）被鉴定人伤残等级评定为十级。（4）结合被鉴定人伤情，酌情给予其治疗休息 120 日、营养期 120 日、护理费 60 日。

法院判决：

本院认为：原告李杰因"反复右上腹胀痛不适 8 年余，再发加重半月余"入被告肝胆外科，有住院病历予以证实，原、被告之间的医患关系成立。原告李杰在被告处行"腹腔镜下胆囊切除术"后出现"十二指肠瘘"，经鉴定该损害后果与被告的医疗行为存在因果关系，结合鉴定意见中分析说明的意见和参与度的认定，本院认定被告应对原告所造成的损害后果承担 55% 的赔偿责任，原告自行承担 45%。

案例 7 - 4：

术中损伤的医疗损害责任纠纷案件

曹某诉被告霍邱县第二人民医院医疗损害责任纠纷案

基本案情：

2013 年 8 月至今在临淮岗乡双井新街以个人经营方式从事餐饮业。曹某因肛周肿痛流脓半年余，于 2015 年 3 月 23 日入住霍邱县第二人民医院治疗，诊断为：高位复杂性肛瘘。入院诊断后即进行体格检查，于当日在局麻下行肛瘘切除术。至同年 3 月 30 日出院，住院治疗 8 天，住院治疗花去的医疗费均由霍邱县第二人民医院负担。曹某出院后感觉大便失禁（每日 5—6 次），多次到霍邱县第二人民医院找领导及医务人员反映病情。2015 年 11 月 23 日，安徽省立医院门诊病历，诊断：外院肛瘘术后，肛瘘感染，混合瘘。处理：择期住院手术。

鉴定意见：

在审理过程中，曹某申请对霍邱县第二人民医院医疗行为是否存在过错，以及该过错与曹某的损害后果之间是否具有因果关系（参与度多少）进行司法鉴定。经本院委托，安徽惠民司法鉴定所作出皖惠民司鉴〔2016〕法临鉴字第 139 号关于对曹某的医患纠纷司法鉴定意见书，鉴定意见为：霍邱县第二人民医院在对患者曹某肛瘘治疗中存在医疗行为过错；其过错与排便功能障碍的损害后果有因果关系，参与度 100%。

法院判决：

本院认为，本案争议的焦点一为，原告曹某因手术切除肛瘘致其组织缺损，霍邱县第二人民医院是否存在医疗过错，对曹某的损害后果所造成的损失是否承担赔偿责任；争议的焦点二为，原告曹某诉请赔偿的数额及其计算依据。争议的焦点一：曹某因肛瘘在霍邱县第二人民医院行肛瘘切除术，术后感大便失禁，经安徽省立医院及门诊病历诊断：术后肛管缺失，术后肛瘘感染，混合瘘。本院委托鉴定机构作出的司法鉴定意见为，霍邱县第二人民医院在对患者曹某肛瘘治疗中存在医疗行为过错；其过错与排便功能障碍的损害后果有因果关系，参与度为100%。根据法律的相关规定，患者在诊疗活动中受到损害，医疗机构及其医务人员有过错的，由医疗机构承担赔偿责任。故原告要求被告承担赔偿责任的诉讼请求，本院予以支持。争议的焦点二：原告曹某诉请赔偿的数额及其计算依据。本案在审理中，经司法鉴定，因曹某治疗尚未终结，鉴定时机未到，鉴定机构对曹某的伤残等级鉴定不予受理。因此，原告所涉及的伤残等级及精神损害抚慰金等的赔偿，本案不宜处理，待后可由原告另行诉讼。

案例 7-5：

术后观察不当的医疗损害责任纠纷案件

李某某诉安徽医科大学第一附属医院医疗损害责任纠纷案

基本案情：

2011年4月15日原告因右眼视物遮挡伴视力下降前往安徽医科大

学第一附属医院（简称"安医附院"）就诊，经诊断：右眼白内障术后、右眼视网膜脱离、左眼白内障，医生建议住院。2011 年 4 月 17 日原告入住该院，入院时主要症状及体征：PE：VOD：眼前手动，VOS：0.12，右眼结膜无充血，角膜透明，前房清，深浅正常，虹膜纹理清，瞳孔圆，药源性散大，人工晶体稍向鼻侧移位，玻璃体混浊，眼底颞上方视网膜呈青灰色隆起，左眼结膜无充血，角膜透明，前房清，深浅正常，虹膜纹理清，瞳孔圆，直径约 3 mm，对光反射敏感，晶状体混浊，眼底窥不清，眼压：OU：TN。医院完善相关检查，于 2011 年 4 月 26 日在局麻下行"右眼玻璃体切除＋气液交换＋硅油填充术"，手术顺利，术后予以抗炎止血等处理。次日至 4 月 29 日病程录记载患者一般情况好，无特殊不适主诉，玻璃体腔内见硅油，眼底网膜平伏，裂孔已封闭，激光光凝斑可见……4 月 28 日病程录反映患者前房见少量硅油。4 月 30 日至 5 月 2 日无病程录反映患者术后体征状况。5 月 2 日晚原告主诉右眼不适，值班医生给予指测眼压，原告感右眼疼痛强烈，医院予以甘露醇注射液静滴及去痛片口服降压（当晚与次日凌晨的临时医嘱单反映），5 月 3 日病程录记载患者术眼时有疼痛不适感，PE：VOD 指数/眼前 1 尺，右眼结膜稍充血，角膜透明，前房深浅正常，前房见少量硅油，药源性散大，人工晶体位置稍偏移，玻璃体腔内见硅油，眼底网膜平伏，裂孔已封闭，激光光凝斑可见，右眼眼压为 60.8 mmHg，加入卡替洛尔降压，余治疗同前，继观。同年 5 月 5 日病程录记载 PE：VOD 指数/眼前 1 尺，眼压：R/L：38/8 mmHg……今日加入降眼压药醋甲唑胺及氯化钾缓释片，余同前，继观。2011 年 5 月 6 日在局麻下行"左眼 phaco＋IOL 植入术"，手术顺利，术后予以抗炎对症治疗，于 2011 年 5 月 10 日出院（住院 24 天），出院时患者无特殊不适主诉，查体：PE：VOD：光感，VOS：0.5。

2011年5月26日、6月3日原告至安医附院门诊复查，医院给予药物治疗。2011年11月17日原告因右眼视物不清、胀痛再次入住安医附院就诊，PE：VOD：无光感，VOS：1.0，右眼结膜混合充血，角膜雾状混浊，前房极浅，玻璃体腔内充满硅油未乳化，眼底窥不清等，诊断：右眼继发性青光眼。同年11月23日在局麻下行"右眼巩膜下巩膜咬切术"，术后予以抗炎对症治疗，当月25日原告出院（住院8天）。出院时查体：PE：VOD：无光感，VOS：1.0，右眼结膜稍充血，滤过泡弥散，角膜透明……眼底视盘颜色苍白……眼压：YOU：Tn。

2012年2月25日原告右眼玻切术后10月取硅油入院，PE：VOD：无光感，VOS：1.0，右眼结膜无充血，角膜透明，前房清，见硅油存在，深浅正常，虹膜色素部分脱失，瞳孔药源性散大，玻璃体腔内充满硅油未乳化，眼底网膜平伏，周边光凝斑清晰，眼压VOD：Tn+2.VOS：Tn。同年2月28日局麻下行"右眼硅油取出术"，术后予以抗炎对症治疗，3月7日出院（住院11天），出院时查体：PE：VOD：无光感，VOS：1.0，右眼结膜轻度充血，角膜透明，前房清，深浅正常，虹膜纹理清，瞳孔圆，药源性散大，人工晶体位置正，玻璃体腔内稍混浊，眼底网膜平伏，周边可见激光光凝斑……左眼未见明显异常。

鉴定意见：

本案在举证期限内，原被告双方申请对安医附院的诊疗行为是否存在医疗过错，如存在医疗过错原告诉称的损害结果与诊疗行为之间有无法律上的因果关系，如存在医疗过错且有因果关系，则医患双方各自的责任参与度进行司法鉴定。华东政法大学司法鉴定中心受本院的委托，依法出具了华政〔2013〕法医医鉴字第82号《司法鉴定意见书》，鉴定人分析认为：第一，根据送检材料，被鉴定人2011年4月入住安医附院前原有右眼白内障并经人工晶体置入术，本次入院检查存在右眼视力仅为眼前手动，眼底颞上方视网膜呈青灰色隆起，4月26日手术中见右眼视网膜全脱离，颞上方视网膜裂孔伴玻璃体病变C3期，故医院诊断：孔源性视网膜脱离伴增殖性玻璃体视网膜病变C3级，诊断正确。医院决定行玻璃体视网膜手术联合眼内硅油填充术，因硅油能从眼内顶压视网膜，以达到有效的视网膜解剖复位作用，使得以往被认为"不治之症"的复杂性视网膜全脱离及裂孔伴增殖性玻璃体视网膜病变得以治疗，医院选择手术方案正确。因被鉴定人属无晶体眼，根据病程记录，注硅油量为5.3 ml，被鉴定人高眼压症状系约一周后出现，可排除硅油注入过量。第二，上述硅油填充术后约一周，根据被鉴定人在听证会的症状描述（眼痛、流泪）及综合医院5月2日下午的临时医嘱，被鉴定人已出现硅油填充术后高眼压的并发症，医生指压法粗测眼压后未予以病程录记载，也未予非接触式眼压（NCT）测量，仅予以甘露醇脱水及去痛片，经查术后病程录未见NCT或指压检测结果，未见病程录中对患者的体位要求记载，术后8天（5月3日）右眼压高达60.8 mmHg，术后10天（5月5日）右眼前房内见硅油，上述问题说明医院尽管诊断及手术正确，但对手术的并发症未及时处理，导致术后本可保留的部分视力丧失。综上，鉴定意见为：安医附院对被鉴定人李传运的医疗行为存在对术后并发症观察欠仔细、处理欠及时的过错；与被鉴定人目前右眼视力丧失的结果存在间接因果关系；医院责任参与度酌情为25% ~ 30%。原告另申请对其右眼的伤残程度进行鉴定，安徽新莱蒂克司法鉴定中心受本院委托依法出具皖新莱司鉴中心〔2014〕临鉴字第428号《司法鉴定意见书》，鉴定意见为：被鉴定人李传运遗留右眼盲目 5 级的后遗症，评定为相当于道路交通事故八级伤残。原告缴纳鉴定及检查费用共计 890 元。

法院判决：

本院认为：公民的生命健康权受法律保护。公民、法人由于过错侵害他人人身权利的，应当承担民事责任。本案中，患者李某某右眼原有白内障经人工晶体置入术，2011 年 4 月 17 日因"右眼视物遮挡伴视力下降"之原因到安医附院治疗，2011 年 4 月 26 日行"右眼玻切 + 硅油填充术"，术后至 4 月 29 日病情基本稳定，但 4 月 30 日到 5 月 2 日期间安医附院未对患者术后临床体征进行仔细观察，缺乏相关病程记载，在患者 5 月 2 日晚出现术后高眼压并发症，主诉右眼不适时，值班医生仅予以指测眼压（未见眼压检测结果记录），给予甘露醇注射液静滴及去痛片口服降压，直至 5 月 3 日患者经检右眼眼压高达 60.8 mmHg，后积极给予降压治疗。安医附院虽对手术方案选择正确，但对患者术后并发症未能及时发现和及时采取有效的治疗措施，导致术后本可保留的部分视力丧失，安医附院的医疗行为存在一定的过错；该过错与李某某的右眼视力丧失存在因果关系；安医附院应承担次要责任，过错责任程度本院综合确定为 30%。华东政法大学司法鉴定中心出具的《司法鉴定意见书》，鉴定程序合法，内容分析客观，结论依据充分，可以作为本案定案依据。原告对《司法鉴定意见书》提出异议，但未能举出反驳证据证实，故本院不予采纳。原告在鉴定及庭审时始终坚持认为其右眼视力丧失是因 5 月 2 日晚医生指测眼压用力过重将眼内硅油压入前房导致，对此鉴定人员出庭时已明确答复患者右眼硅油流入前房与其原发病症及术后体位不当有关，并非按压造成，在此之前的 4 月 28 日病程录已反映患者右眼前房见少量硅油。原告右眼视力的丧失除安医附院的过错因素以外，其自身病症因素不可忽略。故原告的主张因缺乏事实依据，本院不予采信。

案例7－6：术中纱布遗留的医疗损害责任纠纷案件
来某某诉阜阳市第七人民医院医疗损害责任纠纷案

基本案情：

2001年6月22日，原告来某某因分娩住进原阜阳市眼病专科医院即阜阳市颍东人民医院，当天行剖腹产生下一女，于2001年7月23日出院；后阜阳市眼病专科医院即阜阳市颍东人民医院更名为阜阳市第七人民医院。原告休完产假后即回到原工作单位安徽宏洋包装集团有限公司上班，从事业务员工作，后因经常肚子痛、腰痛等原因，原告辞去了原来的工作不再上班；安徽宏洋包装集团有限公司证明来某某自1993年10月至2002年12月在该单位任业务员，后辞职。2008年5月来某某曾到阜阳千百意工作，不到一个月就因为身体不舒服等原因不再上班。原告对于身体不适一直没有做系统的检查治疗；2014年3月11日，原告在阜阳市第五人民医院住院，住院病历显示：彩超发现下腹部包块有4年多，于3月13日行剖腹探查术，术中见切口下一包块，质中，被大网膜广泛粘连包裹，与部分结肠粘连；请外科医师上台会诊，考虑瘤体来源于肠系膜不排除，分离粘连，分离过程中见脓液流出，囊壁破裂，露出纱布，考虑为异物引起脓肿包裹，行脓肿切除术＋异物取出术，术后诊断：（1）盆腔脓肿；（2）盆腔异物。原告于2014年4月11日出院，出院医嘱：休息，注意饮食，随访。原告为该手术共支出医药费 11490.4 元。2014 年 4 月 15 日经安徽天衡司法鉴定所鉴定，来某某因剖腹产致纱布遗留，行剖腹探查术后，构成九级伤残；损伤休息期限为伤后 120 天，伤后 60 天需设 1 人护理，伤后 120 天需要增加营养；为该鉴定原告支出鉴定费 1500 元。2015 年 4 月 17 日经北京法源司法科学证据鉴定中心鉴定，来某某腹部除 2001 年 6 月 22 日行剖腹产及 2014 年 3 月 13 日手术之外，未见做过其他腹部手术遗留腹壁瘢痕以及相关手术记录等医学证据；为该鉴定原告支出交通费、住宿费 1277 元。

法院判决：

本院认为：综合双方当事人的诉辩主张，本案争议的焦点是：原告来某某的损害后果与被告阜阳市第七人民医院在行剖宫产时的诊疗是否存在因果关系及过错。原告经阜阳市第五人民医院手术，发现腹中存有纱布，因纱布不可能由人体内自然产生，且该纱布被大网膜广泛粘连包裹，应为此次手术前所遗留；而在该次手术前，原告曾于 2001 年 6 月 22 日在被告阜阳市第七人民医院进行剖腹产；经北京法源司法科学证据鉴定中心鉴定，来某某腹部除 2001 年 6 月 22 日行剖腹产及 2014 年 3 月 13 日手术之外，未见做过其他腹部手术遗留腹壁瘢痕以及相关手术记录等医学证据。根据《最高人民法院关于民事诉讼证据的若干规定》第四条第一款第八项的规定："因医疗行为引起的侵权诉讼，由医疗机构就医疗行为与损害结果之间不存在因果关系及不存在医疗过错承担举证责任。"虽然被告阜阳市第七人民医院所举的住院病历记载原告在剖腹产住院时一切正常，但该病历无法否定原告腹中遗留纱布的事实；被告申请对该纱布形成的年限进行鉴定，因相关鉴定单位要求必须提供同一批次的纱布作为检材进行比对，而被告阜阳市第七人民医院无法提供，且庭审中原告来某某称从腹部取出的纱布并没有保存，已无法进行鉴定；被告无法举证证明原告腹中的纱布不是其进行剖腹产时所遗留，故应当认定原告来某某的损害与被告阜阳市第七人民医院在行剖宫产时的诊疗存在因果关系。手术中遗留纱布在病人腹腔，违反了相关诊疗规定，被告亦不能证明不存在过错，故应当认定被告的该行为对于原告的损害存在过错。

（五）麻醉过失损害责任

麻醉是使用麻醉剂使病患处于部分或全部感觉丧失的医疗行为。麻醉方法主要有全身麻醉和局部麻醉。全身麻醉主要适用于手术治疗，局部麻醉则适用于一般治疗。两种麻醉方法的危险性和危险发生概率各有不同。麻醉方法的选择由麻醉医师裁量为之，而应采取某种麻醉方法是以患者生命安全为首要原则，因此，选择合理的麻醉方法系麻醉医师的义务。一般来说，麻醉医师应基于患者的生理、心理状态、手术种类、手术部位、手术方法、各种禁忌以及麻醉方法的得失、危险程度等因素综合评价后审慎决定。

麻醉本身并无治疗效果，只起到对其他治疗与诊断的辅助作用。但麻醉却攸关患者的生命安全。麻醉风险主要表现为以下几个方面：（1）麻醉药本身的毒副作用；（2）麻醉药的非直观性应用；（3）麻醉技术操作都为盲探性和创伤性；（4）麻醉相关设备及监测手段缺乏；（5）患者自身病理生理特征与麻醉药的毒副作用叠加；（6）麻醉医师技术欠佳与经验不足；（7）麻醉医师基本素质问题。[①]一般来说，麻醉前，麻醉医师需进行麻醉前问诊、检查、评估，以确认麻醉方法的安全性。

---

① 黄丁全.医事法新论［M］.北京：法律出版社，2013：356.

麻醉前诊断错误是指因各种原因问诊或检查不完全，以至于未发现患者潜在并发症，如术后恶心、呕吐、有呼吸困难病史等，而实施麻醉后因而造成不良后果。麻醉时应选择适当的麻醉药物，选择错误或浓度不当均属于麻醉医疗过失行为。麻醉操作技术看似简单，一旦发生过失，所引发生的后果则非常严重。如麻醉穿刺过程中，误伤脊髓则会出现瘫痪、尿潴留等损害后果。在医疗损害诉讼实践中，臂丛麻醉引发张力性气胸和臂丛神经损伤系常见的麻醉过失行为。

案例 7 - 7：

麻醉损伤脊髓的医疗损害责任纠纷案件

汪某某诉芜湖市中医医院医疗损害责任纠纷案

基本案情：

2004 年 3 月 29 日，原告因腰痛至被告处就诊，后行手术治疗，术前被告医务人员在麻醉时致原告双下肢无感觉，大小便失禁。后原告为此诉至芜湖市中级人民法院，经审理查明后法院认定被告在手术过程中有过失行为，与原告的损害后果有一定因果关系，已构成医疗事故。原告自身疾病及院方麻醉意外对其目前状况的作用难分主次，医疗行为参与度为 50%，并判决被告支付原告各项损失，其中护理费暂计至定残后两年（至 2008 年 11 月 20 日止）。该判决已生效并全部履行。两年护理期限届满后，原告再次诉至法院请求被告赔偿护理费及相关损失。本院判决被告继续支付暂定三年护理费（至 2011 年 11 月 20 日止）等。

该期限届满后，原告又诉至本院要求被告继续支付护理费等相关损失。经本院调解，双方同意被告支付护理费至 2013 年 11 月 20 日等。2013年 12 月 2 日，原告再次诉至本院要求被告支付护理费等，经本院组织调解双方同意被告支付护理费（2013 年 11 月 21 日至 2015 年 11 月 20日）、医疗费等合计 50000 元。2014 年 7 月 1 日，原告至五院住院治疗，入院诊断：环状痔、脊神经损伤后遗症、直肠息肉、高血压病，当月 11 日行直肠息肉切除术 + 吻合器痔上黏膜环切 + 外痔痔核切除术，当月 21 日出院。原告为此发生医药费 10951.13 元，其中统筹支付8133.51 元，个人支付 2817.62 元。2014 年 12 月 1 日，原告再次至五院住院治疗，当月 24 日出院，出、入院诊断：脊神经损伤后遗症、高血压 3 级、高脂血症、脂肪肝、双肾多发性囊肿、双肾轻度积水、前列腺增生、2 型糖尿病。原告为此发生医药费 9909.63 元，其中统筹支付7813.43 元，原告个人支付 2096.2 元。出院当日，原告支付陪客床使用费 345 元。另查明：除前述两次住院治疗外，原告因双下肢浮肿、大小便失禁等陆续在五院门诊治疗取药共计 3498.29 元，其中包括地奥司明片合计 1373.5 元、呋塞米片 3.16 元、螺内酯 20.55 元。据说明书记载，地奥司明片主治静脉、淋巴功能不全及急性痔发作，螺内酯片与呋塞米片主治水肿与高血压等。被告于庭审当日向本院申请对原告两次住院与被告的麻醉过错是否存在因果关系及原因力大小作鉴定。

法院判决：

本院认为：被告在为原告手术过程中有过失行为，与原告的损害后果有一定的因果关系，应承担相应的赔偿责任。被告对原告与内痔有关的损失不予认可，但未提供相反证据。双方间的纠纷由来已久，被告对原告的情况理应有充分了解，其未在法定期限内提出鉴定申请，故本院对该项申请不予准许，被告应对此承担举证不能之后果。本院认定原告损失如下：（1）医药费 8412.11 元据票核定，原告主张的医药费用其中包括陪客床使用费 345 元，但未证明该项损失与其治疗的关联，本院不予支持；（2）被告经法院调解已将护理费支付至 2015 年 11 月 20 日，原告在此期间发生了住院护理费，但被告对此仅按医疗行为参与度 50% 承担责任，因此该项诉请系重复主张，本院不予支持；（3）原告两次住院共计 45 天，门诊 5 次，主张交通费 718 元较合理，本院予以支持；（4）住院伙食补助费：1350 元；（5）住院期间营养费：1350 元。以上损失合计 11830.11 元，由被告承担 50% 即 5915.06 元。

第八章

医疗产品损害责任

药品、消毒制剂、医疗器械和血液等是医疗机构及其医务人员在开展医疗服务过程中必然要使用的医疗产品，医务人员只有借助这些特殊的医疗产品，才能顺利地实施既定的诊疗行为。而医疗产品系第三方提供，存在研发、审批、生产、运输和保管等环节，且这些问题常会与医疗损害责任纠纷交织在一起，导致诉讼变得更为复杂。①

医疗产品损害责任是医疗机构在提供医疗服务过程中，使用有缺陷的药品、消毒药剂、医疗器械以及血液等医疗产品或准产品，造成患者人身损害的，医疗机构或者医疗产品生产者、销售者应当承担的医疗损害责任。《中华人民共和国侵权责任法》第五十九条规定："因药品、消毒药剂、医疗器械的缺陷，或者输入不合格的血液造成患者损害的，患者可以向生产者或者血液提供机构请求赔偿，也可以向医疗机构请求赔偿。患者向医疗机构请求赔偿的，医疗机构赔偿后，有权向负有责任的生产者或者血液提供机构追偿。"依据上述立法规定，我国医疗产品损害责任实行不真正连带责任。

---

① 刘鑫. 医事法学 ［M］. 2 版. 北京：中国人民大学出版社，2015：161.

一、医疗产品损害责任构成

（一）医疗产品损害责任适用无过错责任原则

医疗产品损害责任适用无过错责任原则。确立医疗产品损害责任适用无过错责任原则，其立法原意是该种侵权责任不考察侵权人主观上是否存在过错，只要受害人能够证明医疗产品具有缺陷即可。依据《中华人民共和国侵权责任法》第五十九条的规定，医疗机构系承担医疗缺陷产品的中间责任，因为，最终责任承担主体是生产者或者销售者。《中华人民共和国侵权责任法》第四十一条、第四十二条和第四十三条也明确了上述产品责任承担方式。《中华人民共和国侵权责任法》第四十一条规定："因产品存在缺陷造成他人损害的，生产者应当承担侵权责任。"第四十二条规定："因销售者的过错使产品存在缺陷，造成他人损害的，销售者应当承担侵权责任。销售者不能指明缺陷产品的生产者也不能指明缺陷产品的供货者的，销售者应当承担侵权责任。"第四十三条规定："因产品存在缺陷造成损害的，被侵权人可以向产品的生产者请求赔偿，也可以向产品的销售者请求赔偿。产品缺陷由生产者造成的，销售者赔偿后，有权向生产者追偿。因销售者的过错使产品存在缺陷的，生产者赔偿后，有权向销售者追偿。"但是，若医疗机构对医疗产品缺陷存在过错的，则适用过错责任原则，医疗机构需承担最终责任。同时医疗机构不能指明缺陷医疗产品的生产者或者销售者的，医疗机构仍需按无过错责任原则承担侵权责任。

（二）以医疗产品存在缺陷为前提

对于缺陷药品、器械内涵的界定是判定药品、医疗器械以及血液制品侵权责任的前提。我国产品质量法第二条规定，本法所称产品是指经过加工、制作，用于销售的产品。而医疗产品是产品的生产者、销售者通过特定的工业加工等生产方式所获得的与医疗有关的、具有特定使用性能的物品。

　　所谓缺陷是指产品存在危及人身、他人财产安全的不合理的危险。医疗产品缺陷主要包括设计缺陷、制造缺陷、警示说明缺陷、跟踪观察缺陷。医疗产品设计缺陷主要指医疗产品在开发设计时，其产品结构、配方等方面存在不合理的危险。当然判断医疗产品是否存在设计缺陷时，应结合该医疗产品的设计用途。制造缺陷是指医疗产品在生产制造过程中，由于原材料、配件、工艺流程等方面的因素，导致医疗产品具有不合理的危险。警示说明缺陷是指医疗产品的产品警示说明不充分的缺陷，即医疗产品在投入流通中时，没有对其产品可能存在的危险性进行充分警示和说明。如果医疗产品应根据产品的具体情况确定，一般来说，要求必须正确说明医疗产品存在的危险和正确使用该产品以及避免医疗产品存在的危险的方法，则达到了安全使用的合理要求。① 医疗产品的跟踪缺陷则是指将医疗产品投入医疗使用过程中时，科学技术水平尚不能发现该医疗产品存在的缺陷，法律赋予医疗产品的生产者和销售者进行跟踪观察，未能及时发现危险或者发现危险未及时采取召回等补救措施，导致患者人身损害的，就构成跟踪观察缺陷。我国《医疗器械召回管理办法》第三条规定："本办法所称医疗器械召回，是指医疗器械生产企业按照规定的程序对其已上市销售的某一类别、型号或者批次的存在缺陷的医疗器械产品，采取警示、检查、修理、重新标签、修

---

① 杨立新. 医疗损害责任法［M］. 北京：法律出版社，2012：330.

改并完善说明书、软件更新、替换、收回、销毁等方式进行处理的行为。"第四条规定:"本办法所称存在缺陷的医疗器械产品包括:(一)正常使用情况下存在可能危及人体健康和生命安全的不合理风险的产品;(二)不符合强制性标准、经注册或者备案的产品技术要求的产品;(三)不符合医疗器械生产、经营质量管理有关规定导致可能存在不合理风险的产品;(四)其他需要召回的产品。"《中华人民共和国侵权责任法》第四十六条规定:"产品投入流通后发现存在缺陷的,生产者、销售者应当及时采取警示、召回等补救措施。未及时采取补救措施或者补救措施不力造成损害的,应当承担侵权责任。"

(三)需存在患者的人身损害后果

《中华人民共和国产品质量法》第四十四条规定:"因产品存在缺陷造成受害人人身伤害的,侵害人应当赔偿医疗费、治疗期间的护理费、因误工减少的收入等费用;造成残疾的,还应当支付残疾者生活自助具费、生活补助费、残疾赔偿金以及由其扶养的人所必需的生活费等费用;造成受害人死亡的,并应当支付丧葬费、死亡赔偿金以及由死者生前扶养的人所必需的生活费等费用。"

构成医疗产品损害责任必须具备患者人身损害的事实,其是患方行使损害赔偿请求要的后果依据。医疗产品损害后果是指医师的诊疗行为过程中,由于医疗产品的使用,因其缺陷而造成患者人身损害的后果。同时患者因医疗产品缺陷所导致的致残、致死往往伴随着患者的精神痛苦,因此,损害赔偿请求权人可以同时主张精神损害赔偿。

(四)医疗产品缺陷与人身损害后果之间存在因果关系

医疗产品损害责任中的因果关系判断主要是分析缺陷医疗产品与患者人身损害后果之间是否存在引起与被引起的关系。缺陷医疗产品是原因，损害事实是结果。虽然医疗产品损害责任适用无过错责任原则，但患方仍应对医疗产品存在缺陷承担证明责任。有些医疗产品的缺陷是显而易见的，但有些医疗产品的缺陷则需借助专业鉴定机构的鉴定人员予鉴别。

二、医疗产品损害责任和医疗技术损害责任竞合

医疗机构及其医师在使用缺陷医疗产品提供诊疗服务时，由于医疗技术过错和（或）医疗产品缺陷共同导致患者人身损害后果的，则属于医疗产品损害责任与医疗技术损害责任的竞合。即导致患者人身损害后果的因素既可能包括医疗产品的缺陷因素，也可能包括医疗技术过错因素。在此情形下，就不单纯是医疗产品损害责任的适用，还需确定医疗机构在其中究竟应承担何种责任。因两个可归责原因造成同一患者的损害后果的，或者构成共同侵权，或者构成无过错联系的共同加害行为。依据《中华人民共和国侵权责任法》第八条规定："二人以上共同实施侵权行为，造成他人损害的，应当承担连带责任。"第十一条规定："二人以上分别实施侵权行为造成同一损害，每个人的侵权行为都足以造成全部损害的，行为人承担连带责任。"也就是说，医疗产品缺陷责任主体和医疗技术过错责任主体共同实施侵权行为，造成患者人身损害后果的，医疗产品缺陷责任主体和医疗技术过错责任主体需承担连带赔偿责任。

在医疗产品损害责任和医疗技术损害责任发生竞合时，需注意区分客观的共同侵权行为与无过错联系的共同加害行为的区别。区分因素主要包括：第一，缺陷医疗产品与医疗技术过错之间的联系程度，是否构

成客观的关联性；第二，两个行为是否为导致患者损害的共同原因；第三，造成的患者损害是否可以进行分割。缺陷医疗产品与医疗技术过错作为两个行为，具有一定程度的关联性，但不是特别密切；两个行为都是患者损害的原因，也可以认为是共同原因；患者的损害后果只有一个，不符合损害可以分割的特点。因此，医疗机构在使用缺陷医疗产品致患者损害时，应当承担连带责任。①

三、医疗产品损害责任类型

依据医疗产品种类和功能的不同，可以将医疗产品损害责任区分为医疗器械损害责任、医疗药品损害责任、医疗消毒药剂损害责任、血液及血液制品损害责任和疫苗产品损害责任。

（一）医疗器械损害责任

在美国历史上，医疗器械和药品曾经不进行严格的区分。人们一般认为，广义的药品包括医疗器械，但在狭义上，药品和医疗器械不是同一概念。出现上述情况的原因是因为药品的审批较医疗器械的审批更为严格，管理机构和法院都倾向于认定医疗器械为药品。在美国，直至1976年《医疗器械修订法》的出台，才使医疗器械的概念和审批程序走上了独立的道路。②

我国《医疗器械监督管理条例》第七十六条规定："医疗器械，是指直接或者间接用于人体的仪器、设备、器具、体外诊断试剂及校准物、材料以及其他类似或者相关的物品，包括所需要的计算机软件；其

---

① 杨立新. 医疗损害责任法［M］. 北京：法律出版社，2012：333－334.
② 董春华. 缺陷医疗器械侵权责任实证研究［M］. 北京：法律出版社，2013：41.

效用主要通过物理等方式获得，不是通过药理学、免疫学或者代谢的方式获得，或者虽然有这些方式参与但是只起辅助作用；其目的是：（一）疾病的诊断、预防、监护、治疗或者缓解；（二）损伤的诊断、监护、治疗、缓解或者功能补偿；（三）生理结构或者生理过程的检验、替代、调节或者支持；（四）生命的支持或者维持；（五）妊娠控制；（六）通过对来自人体的样本进行检查，为医疗或者诊断目的提供信息。"

　　无论是美国还是欧盟均实行医疗器械的分类管理制度，我国对医疗器械依据风险程度不同亦实行分类管理。《医疗器械监督管理条例》第四条规定："第一类是风险程度低，实行常规管理可以保证其安全、有效的医疗器械。第二类是具有中度风险，需要严格控制管理以保证其安全、有效的医疗器械。第三类是具有较高风险，需要采取特别措施严格控制管理以保证其安全、有效的医疗器械。"

　　案例 8 - 1 :

医疗器械损害责任案例

张某某与安徽医科大学第二附属医院医疗损害责任纠纷二审民事判决书

　　上诉人（原审第三人）：强生（上海）医疗器材有限公司，住所地中国（上海）自由贸易试验区富特西一路 439 号第一、二、三层 C 部位。

　　被上诉人（原审原告）：张某某，女，1993 年 3 月 8 日出生，住安徽省肥西县紫蓬山旅游开发区。

被上诉人（原审被告）：安徽医科大学第二附属医院，住所地安徽省合肥经济技术开发区芙蓉路 678 号。

上诉人强生（上海）医疗器材有限公司因与被上诉人张某某、安徽医科大学第二附属医院医疗损害责任纠纷一案，不服安徽省合肥高新技术产业开发区人民法院〔2014〕合高新民一初字第 01110 号民事判决，向本院提起上诉，本院依法组成合议庭审理了本案。本案现已审理终结。

上诉人强生（上海）医疗器材有限公司（以下简称强生公司）上诉请求：请求二审法院撤销原判，依法改判或将本案发回重审。事实和理由：第一，本案系医疗损害纠纷，张婷婷因右腿外伤在安徽医科大学第二附属医院（以下简称安医二附院）接受治疗，并植入钢板，后因内固定断裂提起诉讼。强生公司仅为安医二附院提供了案涉钢板，并未参与张婷婷的诊疗活动中。在一审庭审中，张某某也从未主张要求强生公司承担赔偿责任，一审法院现判决由第三人承担全部赔偿责任，不仅事实上变更了张某某诉请所依据的事实关系及法律关系，也超越了其诉讼请求的范围。第二，一审判决未查明与案件有关的重要事实，对案件基础事实认定错误。一审法院对于案涉钢板的质量是否合格未予查明。一审法院委托的国家钢铁材料测试中心并不具备医疗器械质量检验的资质，其出具的《分析测试报告》不应作为法庭采信的有效证据，后一审法院基于强生公司提出的重新鉴定申请而拟委托的苏州华碧司法鉴定所，并非是国家食品药品监督管理总局认可的可进行医疗器械质量检验的合法机构，其检测范围也不包括对骨科植入材料等各种医疗器械的检测，强生公司拒绝缴纳相关的鉴定费用，于法有据，一审法院由此推定由强生公司承担不利后果，无任何事实依据。张某某因交通事故前往安医二附院就诊，并接受内固定手术，造成张某某骨折及伤残的直接原因在于交通事故，而非钢板植入。植入钢板发生断裂，即便客观上延迟了张某某的骨折愈合时间，也不是造成其伤残及产生首次医疗费用的原因，一审法院对于案涉钢板断裂与张某某人身损害之间是否存在因果关系及存在何种程度的因果关系未予查明。张婷婷遭遇的交通事故是本案发生的起源，亦是造成张某某损害的直接原因，一审法院对其遭受交通事故的相关情况亦未予查明。一审法院仅以"张某某因交通事故造成的损失未获赔偿"为由，判决强生公司承担全部赔偿责任，明显不公。第三，一审法院适用法律错误，其判决缺乏法律依据，且存在诸多自相矛盾之处。患者人身损害的医疗产品责任，适用无过错责任原则，但之后又根据《中华人民共和国侵权责任法》第六条的过错原则判决强生公司承担赔偿责任，明显自相矛盾。《安徽省高级人民法院关于审理医疗纠纷案件若干问题的指导意见》第九条规定明确了证明案涉接骨板为患者，一审法院将举证责任倒置，并因此判定强生公司承担赔偿责任的认定没有法律依据。第四，一审判决所依据的《中华人民共和国侵权责任法》第五十九条与判决结果存在矛盾之处，根据第五十九条规定，法律已经赋予了当事人在遭受损害时请求赔偿的选择权，即可以请求医疗机构或者生产者进行赔偿，该条规定并未赋予法院超越当事人选择进行裁判的权利。

张某某辩称，强生公司在一审中主动要求加入本案诉讼并行使了诉讼权利，应当承担诉讼义务。本案为侵权案件，一审法院判令强生公司承担责任并无不妥。一审鉴定合法有效，鉴定程序是安医二附院启动的，且征得其他两方当事人的同意，鉴定机构具有鉴定资质，强生公司虽申请重新鉴定但拒绝缴纳鉴定费用，是对其自身权利的放弃。本案是因产品缺陷引发的纠纷，关于产品存在缺陷有鉴定报告为依据。案涉产品是进口产品，强生公司至今未提供产品质量认证等材料。

安医二附院辩称，安医二附院在一审中申请追加接骨板的生产厂家作为共同被告，强生公司也申请作为有利害关系的第三人参加诉讼，最终一审法院准许强生公司作为第三人参加诉讼，根据民诉法的有关规定，可以判决有利害关系的第三人承担责任。张某某以医疗损害责任纠纷为由起诉安医二附院，双方申请了医疗过错鉴定，但鉴定机构要求先行排除钢板质量问题，才可以进行医疗过错鉴定，一审法院委托天津医疗器械质量监督检验中心进行钢板质量鉴定，天津医疗器械质量监督检验中心收取鉴定检材后又退回，表示其无法对案涉钢板进行鉴定，并推荐国家钢铁材料测试中心进行鉴定，一审法院征求当事人意见后委托国家钢铁材料测试中心进行鉴定。当时强生公司不愿意参与到诉讼中，但由国家钢铁材料测试中心进行鉴定是获得了强生公司的同意的，本次鉴定的费用是由强生公司承担的。强生公司申请参加诉讼后，对钢板质量鉴定提出异议并申请重新鉴定，在一审法院指定具有鉴定资质的鉴定机构后，强生公司却不预交鉴定费用，导致无法重新进行钢板质量鉴定，依法应当承担举证不能的法律后果。国家钢铁材料测试中心的检测结果作为法院的判案依据早有判例。强生公司主张由天津医疗器械质量监督检验中心进行检测，该检验中心是国家食品药品监督管理总局批准对接骨板进行检测的机构，经检测合格的由国家食品药品监督管理总局颁发医疗器械注册证批准市场准入，该检验中心并非具有鉴定资质的鉴定机构，而一审法院最先委托该中心鉴定但已被退回。安医二附院对医疗行为是否存在过错、接骨板是否符合质量标准，已通过申请鉴定完成了举证责任，安医二附院在选购医疗钢板时已查验了《医疗器械注册证》《医疗器械营业许可证》和《医疗器械合格证》，已尽到审查注意的义务。案涉接骨板经鉴定部分内孔尺寸不符合产品标准的要求，而医院的医疗行为不存在过错，因此安医二附院不应当承担赔偿责任，本案赔偿责任应当由强生公司承担。一审判决事实清楚、证据充分，判决结果合法，依法应当维持。

一审法院认定事实：2010 年 12 月 26 日，张某某因车祸致右大腿肿胀畸形活动受限，入住安医二附院接受治疗，诊断为右股骨干粉碎性骨折。2011 年 1 月 3 日，安医二附院对张某某全麻下行"右股骨干粉碎性骨折切开复位钛板内固定植骨融合术"。2011 年 1 月 24 日，张某某出院，医嘱建议"继续卧床休息，下地前务必门诊复查，医生指导下方可下地活动；骨折愈合后拆除钢板内固定"。2011 年 3 月 24 日，张某某前往该院复查，X 线片示右股骨干骨折线存在，部分骨痂生成，医嘱建议"勿完全下地行走"。2011 年 4 月 24 日，张某某前往该院复查，X 线片示骨痂形成，骨折线存在，医嘱建议"继续扶拐勿完全行走，防止摔伤、内固定断裂"。2011 年 8 月 31 日，张某某前往该院复查，主诉右股骨干骨折术后近 9 个月，已扶拐下地行走，X 线片示有连续骨痂形成，骨折线仍清晰，医嘱建议"扶拐下地，避免滑跌伤"。2011 年 12 月 15 日，张某某前往该院复查，X 线片示内固定物在位，骨折端向右连续骨痂形成，骨折线仍清晰，医嘱建议"扶拐下地"。2012 年 1 月 27 日，张某某前往该院复查，X 线片示骨折复位可，骨折尚未完全愈合，提示骨折迟延愈合，医嘱建议"继续扶拐下地行走，避免剧烈运动，以免内固定断裂"。2012 年 2 月 27 日，张某某因右大腿肿胀伴疼痛，前往安医二附院住院治疗，X 线片示右股骨钢板断裂，骨折端轻度成角。2012年2月29日，张某某前往中国人民解放军第一零五医院住院治疗，诊断为右股骨干粉碎性骨折术后骨不连、右股骨干粉碎性骨折术后钢板断裂。2012年3月2日，张某某前往安徽省立医院住院治疗，该院于2012年3月6日在张某某全麻下行"右股骨干钢板取出＋髓内钉固定髂骨取骨植骨术"。2012年3月20日，张某某出院。2013年9月13日，张某某前往合肥市第五人民医院住院治疗，该院于麻醉下行"交锁髓内钉近端锁定钉取出术"。2013年9月18日，张某某出院。张某某先后花费医疗费累计88680.72元，其中第一次住院治疗花费28492.02元（包含医疗费19980.42元、接骨板及11枚螺钉费8511.6元）。

张某某认为，安医二附院在对其诊疗过程中存在过错，遂先后于2012年5月29日、2013年1月29日诉至一审法院，要求安医二附院对其损失承担赔偿责任，后又撤回起诉。案件在审理期间，根据安医二附院申请，一审法院委托国家钢铁材料测试中心对股骨锁定加压接骨板（型号426.621）的断裂原因进行分析。该中心接受委托后，于2013年10月24日出具《分析测试报告》，结论为：（1）接骨板材料化学成分符合ISO5832-2：1999中对Grade3材料的成分规范要求，材料显微组织正常，维氏硬度满足YZB/SWI0433-2010的规定要求；（2）接骨板内孔直径在5.49—6.44mm，部分内孔尺寸不符合标准YZB/SWI0433-2010的规定要求；（3）接骨板为弯拉疲劳断裂，起裂源位于内孔的外侧棱边和弧形面，是承载面积最小、弯拉受力最大区。局部疲劳强度低于交变工作载荷，以及内孔加工尺寸过大是疲劳断裂发生的主要原因；（4）接骨板的承载能力取决于厚度、内孔弧形槽形状、材质和表面状态等。标准YZB/SWI0433-2010没有明确规定接骨板的厚度和弧形槽形状，存在不完善的地方。安医二附院为此交纳鉴定费20000元。

根据张某某、安医二附院申请，一审法院依法委托司法鉴定科学技术研究所司法鉴定中心对安医二附院在对张某某的诊疗过程中是否存在医疗过错，如有过错，其与张某某的损害后果之间是否存在因果关系及参与程度，以及张某某的伤残程度及休息、护理、营养期进行法医学鉴定。该中心接受委托后，于2014年3月20日出具《鉴定意见书》。该中心分析认为，股骨干骨折手术治疗的主要方法有外固定架、切开复位钢板内固定术和带锁髓内钉内固定术等。医方为张某某实行的"切开复位钛板内固定植骨融合术"并非最佳及首选的手术方式，以张某某骨折的实际情况，医方若选择髓内钉固定则更为适宜。骨折迟延愈合与多种因素相关，医方在张某某多次门诊复诊时亦予以摄片检查以及相应的指导，故在该医疗过程中，医方存在过错的依据不足。鉴定意见为：(1) 安医二附院在对张某某的诊疗过程中存在内固定物选择不当的不足之处，加之钢板本身存在质量问题，从而导致钢板断裂的损害后果发生；(2) 张某某目前遗留右下肢功能障碍的后遗症相当于道路交通事故十级伤残。张某某在钢板断裂后一期治疗的休息期为360—390日，护理期为180日，营养期为180日。今后若行二期治疗（取内固定），则休息期为30日，护理期为15日，营养期为15日。张某某为此交纳医疗纠纷鉴定费及三期鉴定费7100元，安医二附院交纳医疗纠纷鉴定费4300元。鉴定意见作出后，安医二附院提出异议认为：(1) 髓内钉和接骨板都是治疗股骨干骨折可以选用的方法，鉴定机构不应认为医方存在内固定物选择不当；(2) 患者骨折不愈合，长时间由钢板受力支撑产生钢板疲劳也是钢板断裂的重要因素，鉴定机构对患者因素方面的过错参与度未予鉴定；(3) 张某某的伤残是交通事故造成，不是医疗行为造成；钢板断裂导致再次手术只是增加了医疗费用和医疗时间，并没有加重或给张某某造成新的伤残；（4）张某某因交通事故受伤行内固定手术，取内固定治疗是必然发生的，并非因为医疗行为而增加的费用；（5）"三期"时间过长。针对上述异议，司法鉴定科学技术研究所司法鉴定中心答疑称：（1）考虑到钢板内固定也是可以选择的手术方式之一，故本中心认为医方内固定选择不当为其诊疗过程中的不足之处，但不属医疗过错；（2）就现有材料，钢板本身存在质量问题，局部疲劳强度低于工作载荷以及内孔加工尺寸过大，应为最终钢板疲劳断裂发生的最主要原因。但是，股骨干骨折采用钢板固定为偏心固定，受到的负荷较大等因素也与钢板断裂之间存在一定的因果关系；（3）医方第3、4条异议由法院作出裁决；（4）"三期"鉴定是参照 GA/T521 −2004《人身损害受伤人员误工损失日评定准则》相关条款，同时综合考虑张某某钢板断裂发生后临床治疗的实际需要，以及钢板断裂、骨折实际愈合时间等因素后综合判定得出的。

2014 年 5 月 26 日，张某某再次诉至一审法院，要求判如所请。案件审理期间，强生公司认为案件处理结果同他有法律上的利害关系，申请作为第三人参加诉讼，一审法院予以准许。

另查明：安医二附院于 2010 年 12 月 26 日对张某某行"右股骨干粉碎性骨折切开复位钛板内固定植骨融合术"植入的接骨板，为 SynthesGmbH 公司生产，该产品的合格证标明了注册证号及生产许可证号，售后服务单位为辛迪思（上海）医疗器械贸易有限公司（企业名称已变更为强生公司）。诉讼中，强生公司申请对案涉接骨板进行重新鉴定。一审法院依法委托苏州华碧微科检测技术有限公司司法鉴定所进行鉴定，但强生公司未预交鉴定费用，致鉴定工作无法开展。

另查明：安医二附院已支付张某某5000元。张某某系安徽新华学校2009级服装设计与工艺专业学生，于2012年6月份毕业。2013年度，安徽省居民服务、修理和其他服务业在岗职工年平均工资为37074元。2014年度，安徽省城镇居民人均可支配收入为24839元。张婷婷因交通事故造成的损失未获赔偿。

一审法院认为，张某某因右股骨干粉碎性骨折在安医二附院进行切开复位钛板内固定植骨融合术，植入SynthesGmbH公司生产的金属接骨板以内固定，张某某在术后康复过程中发生接骨板断裂。该事实均为各方当事人所认可，予以确认。

张某某接受地切开复位钛板内固定植骨融合术，其医疗行为系由安医二附院实施，接骨板亦由安医二附院提供，故安医二附院应对其实施的医疗行为不构成医疗过错、所提供的接骨板符合质量标准及张婷婷术后行为不得当导致植入的接骨板断裂承担举证责任，不能证明自己的主张，即应承担举证不能的后果。安医二附院为明确接骨板是否存在质量问题申请鉴定，国家钢铁材料测试中心对案涉接骨板的断裂原因进行了分析，认为部分接骨板的内孔尺寸不符合标准YZB/SWI0433-2010的规定要求；局部疲劳强度低于交变工作载荷，以及内孔加工尺寸过大是疲劳断裂发生的主要原因。安医二附院已完成了举证责任。因国家钢铁材料测试中心不具备司法鉴定资质，强生公司参加诉讼后，申请对案涉接骨板进行重新鉴定，一审法院依法委托苏州华碧微科检测技术有限公司司法鉴定所进行鉴定，但强生公司在一审法院指定的期限内无正当理由不预交鉴定费用，致使对案件争议的事实无法通过鉴定结论予以认定，强生公司应当对该事实承担举证不能的法律后果。根据相关法律规定，对有缺陷的医疗器械造成患者人身损害的医疗产品损害责任，适用无过错责任原则。因强生公司未能提供证据证明案涉接骨板为无缺陷产品，故应对张某某的损失承担赔偿责任。对于安医二附院实施的医疗行为，司法鉴定科学技术研究所司法鉴定中心认为，切开复位钛板内固定植骨融合术并非是最佳及首选的手术方式，考虑到钢板内固定也是可以选择的手术方式之一，故医方内固定选择不当为其诊疗过程中的不足之处，不属于医疗过错。鉴于安医二附院在采购案涉接骨板时已经尽到了足够的注意，因而不应当承担赔偿责任。张某某在 2011 年 1 月 24 日出院时，医嘱建议"继续卧床休息，下地前务必门诊复查，医生指导下方可下地活动；骨折愈合后拆除钢板内固定"，从张某某提供的在安医二附院持续复诊的病历来看，历次摄片及检查均未发现内固定物异常。张某某遵医嘱进行康复治疗，截至接骨板断裂之前，病历无身体摔伤之记载，且接骨板断裂时尚未符合取出内固定接骨板的条件。故安医二附院无证据证明是张某某自身的过错导致接骨板断裂，张某某无须承担责任。

张某某第一次住院治疗，系因其交通事故受伤而行的正常的医疗行为，与案涉接骨板的断裂无关联性，故对张某某在安医二附院支付的治疗因交通事故受伤产生的医疗费损失不予调整，但应扣除接骨板的费用。张某某自 2009 年起就读安徽新华学校，在城镇上学、生活，其遭受人身损害的相关赔偿标准应按城镇居民的标准计算。张某某主张的误工费98163 元，因其系在校学生，未能提供证据证明有收入，故缺乏事实和法律依据，不予支持。张某某主张的后续治疗费尚未发生，其可待发生后另行主张权利。张某某在本案中的损失，一审法院确认如下：医疗费68700.3 元（88680.72—19980.42 元）、护理费19806.7 元（37074元/年÷365 天×195 天）、住院伙食补助费1770 元（30 元/天×59 天）、营养费 5850 元（30 元/天×195 天）、交通费 1000 元（酌定）、精神损害抚慰金 7000 元（酌定）、残疾赔偿金 49678 元（24839 元/年×20 年×10%）、医疗纠纷鉴定费及三期鉴定费 7100 元，合计 160905 元，强生公司应予赔偿。

据此，判决：第一，强生（上海）医疗器材有限公司应于本判决生效之日起十日内赔偿张某某 160905 元；第二，驳回张某某的其他诉讼请求。案件受理费 5708 元，由张某某负担 2583 元，强生（上海）医疗器材有限公司负担 3125 元；钢板质量鉴定费 20000 元、医疗纠纷鉴定费 4300 元，合计 24300 元，由强生（上海）医疗器材有限公司负担。

本院认为，张某某以因在安医二附院进行切开复位钛板内固定植骨融合术并在术后康复过程中发生接骨板断裂为由诉请安医二附院承担损害赔偿责任，诉讼中，强生公司以本案的审理结果与其有利害关系为由申请作为第三人加入诉讼，一审法院为查明事实，经审查后准许强生公司的申请，其他各方亦未提出异议。安医二附院为明确接骨板是否存在质量问题提出鉴定申请，一审法院委托国家钢铁材料测试中心对案涉接骨板的断裂原因进行了分析，认定接骨板的部分内孔尺寸不符合标准 YZB/SWI0433－2010 的规定要求；局部疲劳强度低于交变工作载荷，以及内孔加工尺寸过大是疲劳断裂发生的主要原因。后强生公司以国家钢铁材料测试中心不具备鉴定资质为由，申请对案涉接骨板进行重新鉴定，但却在法院指定的期限内拒不缴纳鉴定费用，一审法院据此判定强生公司应承担举证不能的法律后果并判令强生公司对张某某的损失承担赔偿责任，并无不当。

张某某系因事故造成右股骨干粉碎性骨折后前往安医二附院诊治，应当说其目前的十级伤残的损害后果与事故的发生具有直接的因果关系，而在医院治疗期间发生的接骨板断裂虽然导致其治疗时间延长，但是否加重了其损害后果，目前缺乏证据证实。在交通事故的侵权人的侵权责任及责任大小未依法确定的情况下，不能确认张某某目前的伤残后果系完全因接骨板断裂导致，一审法院判令强生公司应当承担张婷婷的残疾赔偿金不妥。张某某可待各侵权责任方的侵权行为与损害后果之间的因果关系及原因力大小进一步确定后，向相关侵权方再行主张残疾赔偿金，本院在本案中就张某某主张的残疾赔偿金暂不予处理。

如前所述，张某某因事故造成的损伤经鉴定构成十级伤残，但其目前的损伤后果不能确定系完全由于接骨板断裂所致，故对张某某基于其遭受的损伤构成伤残而主张的精神损害抚慰金，本院亦暂不予支持，张某某可待相关侵权方的侵权责任大小确定后另行主张。但考虑到张某某在治疗过程中因接骨板断裂导致其治疗及愈合期间延长，增加了治疗的次数，进一步加重了损伤带来的痛苦，故本院酌定强生公司为此应向张某某支付精神抚慰金3000元。

判决如下：

第一，撤销安徽省合肥高新技术产业开发区人民法院〔2014〕合高新民一初字第01110号民事判决。

第二，强生（上海）医疗器材有限公司应于本判决生效之日起十日内赔偿张某某各项损失107227元。

第三，驳回张某某的其他诉讼请求。

（二）医疗药品损害责任

治疗需要用药，每一种药品各有其药理作用、用途、用法、副作用、禁忌症、配伍禁忌、使用时应注意之事项，可见用药必然会有风险。药品使用的目的在于治疗、减轻或者预防人类的疾病，其作用方式包括借助影响、调节生理机能，消灭或者抵御外来病菌的侵害等，来维护人体的健康状态。

依据《中华人民共和国药品管理法》第一百条的规定："药品是指用于预防、治疗、诊断人的疾病，有目的地调节人的生理机能并规定有适应症或者功能主治、用法和用量的物质，包括中药材、中药饮片、中成药、化学原料药及其制剂、抗生素、生化药品、放射性药品、血清、疫苗、血液制品和诊断药品等。"依据药品管理法的规定，药品必须符合国家药品标准，禁止生产、销售假药和劣药。所谓假药是指药品所含成分与国家药品标准规定的成份不符或者是以非药品冒充药品或者以他种药品冒充此种药品的。对于国务院药品监督管理部门规定禁止使用的、依照本法必须批准而未经批准生产、进口，或者依照本法必须检验而未经检验即销售的、变质的、被污染的、使用依照本法必须取得批准文号而未取得批准文号的原料药生产的、所标明的适应症或者功能主治超出规定范围的药品则按假药论处。

对于药品成分的含量不符合国家药品标准的，则为劣药。有下列情形之一的药品，按劣药论处：未标明有效期或者更改有效期的；不注明或者更改生产批号的；超过有效期的；直接接触药品的包装材料和容器未经批准的；擅自添加着色剂、防腐剂、香料、矫味剂及辅料的；其他不符合药品标准规定的。

所谓缺陷药品是指在诊疗过程中所使用的药品存在危及患者人身和财产安全的不合理危险、不符合一定安全标准的医疗产品。假药、劣药均属于缺陷药品。医疗药品损害责任是由于缺陷药品所导致的患者人身损害赔偿责任，其不同于医师用药过错的所导致的医疗技术损害责任。

用药过错的医疗技术损害责任是指药品本身不存在质量缺陷，而是由于药师或者医师药物错误、途径错误、放错药盒、剂量错误、频率错误、病人错误、剂型错误、遗漏给药、数量错误、药物渗漏、稀释溶液错误、速率错误，等等，所导致的患者人身损害的后果。也就是说，用药过错的医疗技术损害责任与药品缺陷本身无关，属于医疗技术行为本身的过错。

案例 8－2：

用药过错的医疗技术损害责任案例

陈某某与萧县医药公司白土药店医疗损害责任纠纷再审民事判决书

上诉人（原审被告）：萧县医药公司白土药店。住所地安徽省萧县。

被上诉人（原审原告）：陈某某，女，2011 年 9 月 16 日出生，汉族，住安徽省萧县。

陈某某诉萧县医药公司白土药店（以下简称"白土药店"）医疗损害责任纠纷一案，安徽省萧县人民法院于 2013 年 5 月 15 日作出〔2012〕萧民一初字第 01447 号民事判决。已发生法律效力。案经该院审判委员会讨论决定，于 2014 年 2 月 14 日作出〔2014〕萧民一监字第 00001 号民事裁定决定再审本案。该院再审后，于 2014 年 6 月 11 日作出〔2014〕萧民一再初字第 00002 号民事判决。白土药店提起上诉，本院于 2014 年 11 月 18 日作出〔2014〕宿中民一再终字第 00024 号民事

裁定，发回重审。安徽省萧县人民法院于 2015 年 9 月 18 日作出
〔2014〕萧民一再初字第 00002-1 号民事判决。白土药店提起上诉，本
院依法组成合议庭并于 2015 年 11 月 18 日公开开庭进行了审理。上诉
人白土药店的委托代理人马传贝、陈某某的委托代理人郑权长、戴军到
庭参加诉讼。本案现已审理终结。

陈某某一审诉称：2011 年 10 月 18 日，陈某某因腹泻水样到白土药
店拿药时，该药店人员错给拿苯乙哌啶 4 片，并安排每天吃两片。陈某
某服药后造成苯乙哌啶中毒致继发性癫痫，脑部受到损伤构成残疾。故
诉至法院要求白土药店赔偿其医疗费、护理费、交通费、伙食补助费、
营养费、残疾赔偿金、精神损害抚慰金合计 225879.78 元。

一审中，陈某某的代理人向法庭提交如下证据：

（1）陈某某法定代理人的身份证、户口本、结婚证、出生证明及
被告营业执照、组织机构代码证等，欲证明原告主体适格，被告明确。

（2）萧县白土中心卫生院病历一组，欲证明陈某某于 2011 年 9 月
16 日出生，出生时身体健康。

（3）萧县白土中心卫生院处方一张，欲证明陈某某出生后 32 天生
病需服用药。

（4）药物使用说明，欲证明白土药店违规售药，造成陈某某药物
中毒。

（5）萧县白土中心卫生院医师王全明书面证明，欲证明其为陈某
某诊疗及所开药物情况，白土药店没按处方拿药的事实。

（6）证人张某书面证明，欲证明陈某某中毒后，白土药店为抢救
陈某某租用张某的车并支付租车费用的事实。

（7）陈某某祖母与白土药店的负责人武博通话录音及证人李某的

证明，欲证明白土药店为陈某某治疗病情支付医疗费 9900 元。

（8）陈某某在徐州中心医院抢救治疗病案一组，欲证明陈某某是服用白土药店的药物中毒致继发性癫痫。

（9）病案一组及用药清单，欲证明陈某某出院后需继续治疗药物中毒致继发性癫痫病。

（10）安徽永泰司法鉴定所司法鉴定意见书一份，欲证明陈某某服用苯乙哌啶与继发性癫痫之间存在直接因果关系。

（11）医疗费发票及用药清单，欲证明陈某某后续治疗支出医疗费 12228.192 元。

（12）交通费票据，欲证明陈某某因治疗继发性癫痫而支付交通费 627 元。

白土药店一审辩称：对陈某某的真实身份有异议。理由是陈某某的监护人陈海腾是 1990 年 2 月生，陈某某是 2011 年 9 月 16 日生，陈海腾未达到法定婚龄无法领取结婚证，以此推定陈某某不能在卫生院领取出生医学证明，陈某某亦无法办理户口登记。原告方从被告处购买药物苯乙哌啶是事实，但从拿取的剂量看不能必然导致陈某某脑瘫；陈某某入院后，白土药店已支付了全部医药费，其诉请精神损害抚慰金、残疾赔偿金无事实依据，应驳回原告的诉讼请求。

一审中，白土药店提交的证据为：

（1）医疗费票据 3 张，欲证明陈某某住院治疗时，白土药店已为其垫付医疗费 9900 元。

（2）陈某某的出院记录，证明陈某某病情治愈。于 2011 年 11 月 2 日出院。故，陈某某出院后的医药费与白土药店无关。

一审法院查明：2011 年 10 月 18 日，陈某某因腹泻在萧县白土镇中心卫生院就医，医院开出用药处方，其中有一种药物陈某某家人到白土药店购买，该药店店员出售苯乙哌啶4片，陈某某服用后中毒致继发性癫痫。在徐州市中心医院住院治疗14天，后又在徐州市儿童医院检查治疗，共支付医疗费12177.62元。陈某某住院期间的护理费应为1094.52元（14天×78.18元）、营养费420元（14天×30元）、住院伙食补助费420元（14天×30元），合计14612.14元，白土药店已垫付9900元。

一审法院认为：公民的身体权和健康权受法律保护。陈某某患病去医院治疗，后凭医院开具的处方去白土药店购药，由于该药店未按处方开具的药物出售，而出售了苯乙哌啶，致陈某某服后中毒继发癫痫，因此，白土药店理应赔偿陈某某因治疗癫痫所造成的损失，即医疗费12177.62元、护理费1094.57元、营养费420元、住院伙食补助费420元，合计14612.14元。白土药店已支付9900元，剩余4712.14元应予赔偿。陈某某的残疾赔偿金和精神损害抚慰金的诉讼请求证据不足，本次诉讼不予处理。判决：被告萧县医药公司白土药店赔偿原告陈某某医疗费、护理费、营养费、住院伙食补助费、交通费合计4712.14元，限本判决生效后十日内履行完毕；驳回原告陈某某对被告萧县医药公司白土药店的其他诉讼请求。案件受理费300元，由被告萧县医药公司白土药店承担。

一审法院重审时，白土药店提交四份证人证言，欲证明陈某某母亲羿晓佩精神异常，不排除原告患癫痫具有遗传因素。

一审法院重审查明：原一审查明的事实属实。

另查明：陈某某在萧县白土医院因腹泻就诊，医生的处方载明：头孢克洛冲剂、多酶片、复合维生素（COB）、必奇。陈某某家人持该处方到白土药店买药时，店员将其中"复合维生素（COB）"误认为是治疗腹泻的"苯乙哌啶COD"药物，而出售给陈某某家人，并告知每天两次，一次一片。陈某某服用至第三片后家人发现异常就医。

一审法院重审认为：白土药店在案件发回重审期间，申请重新鉴定，并提供四份证人证言，欲证明陈某某母亲精神异常，原鉴定意见中未排除先天性疾病、遗传性疾病等其他因素。庭审中，陈某某母亲羿晓佩出庭对证人证言予以否认，认为自己精神状态正常，不可能导致陈某某患先天性疾病，白土药店对羿晓佩否认的事实不能提供新的证据，因此该证人证言不予采信。白土药店重新鉴定申请不符合最高人民法院《关于民事诉讼证据的若干规定》第二十七条规定的情形，该申请不予准许。关于白土药店辩解陈某某父亲未到法定婚龄无法领取准生证的意见，依照法律规定，公民自出生时起具有民事权利能力，依法享有民事权利承担民事义务，因此，陈某某具有民事权利能力；同时白土药店亦认可错误出售给陈某某苯乙哌啶的事实，故该辩解与白土药店是否应当承担责任不具备关联性。原判认定事实清楚，证据充分，判决正确，依法应予以维持。案经一审法院审判委员会讨论决定，依照《中华人民共和国民事诉讼法》第二百零七条、《最高人民法院关于适用〈中华人民共和国民事诉讼法〉若干问题的意见》第二百零一条、《最高人民法院关于适用〈中华人民共和国民事诉讼法〉审判监督程序若干问题的解释》第三十七条之规定，判决维持该院〔2012〕萧民一初字第01447号民事判决。

白土药店上诉称：鉴定意见未排除其他因素可能导致癫痫违背医学规律，不应作为承担责任的依据。陈某某的出院记录载明治愈，且其服用苯乙哌啶与其出院病症无关联性。故原审认定事实错误，导致适用法律错误。请求撤销一审判决，驳回陈某某的诉讼请求。

陈某某的代理人辩称：鉴定部门通过查阅住院病案，入院及出院记录，辅检报告、病情证明书、出生医学证明等内容，经过专家会诊，鉴定意见认为陈某某服用苯乙哌啶与继发性癫痫之间存在直接因果关系，已尽到审查义务。鉴定结论认定事实清楚，程序合法，符合法律规定，因此陈某某服用药物与白土药店错拿药品行为之间存在因果关系；且白土药店亦无证据证明系其他原因导致陈某某癫痫，上诉理由不能成立。原审认定事实清楚，适用法律正确，应予以维持。

本院经审理查明：一审法院重审查明的事实属实，本院予以确认。

本院认为：综合当事人诉辩意见，归纳本案争议焦点：安徽永泰司法鉴定所出具的司法鉴定意见能否作为本案认定事实的依据。经审理认为，安徽永泰司法鉴定所受萧县人民法院委托，对陈某某服用苯乙哌啶与继发性癫痫之间的因果关系及参与度进行评定。该鉴定所根据病历材料，经过检查验证，并结合专家会诊意见，作出陈某某服用苯乙哌啶与继发性癫痫之间存在直接因果关系，其参与度为100%的鉴定意见。鉴定程序合法，鉴定结论所依据的事实清楚，鉴定意见客观真实予以采信。因此，该鉴定意见应作为本案认定事实及责任承担的依据。白土药店上诉提出鉴定意见未排除其他因素可能导致癫痫的理由，因无有效证据证明，故对其上诉理由本院不予采纳。

综上，原审判决认定事实清楚，适用法律正确，应予维持。白土药店上诉理由不能成立，本院不予采纳。依据《中华人民共和国民事诉讼法》第一百七十条第（一）款第（一）项、第二百零七条第一款的规定，判决如下：

驳回上诉，维持原判。

本判决为终审判决。

(三) 血液损害责任

输血是对各种原因引起的失血、贫血、低血压、低血容量、低血色素等患者所采取的治疗措施，常是治疗创伤、急救、手术等必不可少的治疗手段，也是一种支持性与代偿性的治疗方法。

血液是否为产品？血液作为人体组织的组成部分，其是否为产品，在学界存在较大争论。有学者认为血液属于产品，血站是该产品的生产者，医疗机构是该产品的销售者。理由是血液在使用之前经过加工、制作过程，血站按照一定的价格将血液交付医疗机构，其是一个等价交换行为，因此，血液属于产品。也有学者认为，血液不应当属于产品的范畴，因为对血液的加工、制作并不以营利为目的，因此，血液不符合产品责任法界定的产品属性。对血液是否为产品的争议，在法律上具有重大意义。若血液属于产品，对于因输血造成的人身损害则应适用无过错责任原则。我国侵权责任法第五十九条对血液制品并未立法确认，原因在于血液制品属于药品范畴，因为，血液经过加工、制作成为血液制品，已经改变了血液原来的形态，具备了产品的属性。在我国血液制品属于特殊药品。

血液损害责任不同于因输血过错所导致的医疗技术损害责任。构成血液损害责任的首要前提是输入不合格的血液。血液是医疗机构在临床上使用的，由血站提供的全血或者成分血，不包括血液制品。所谓不合格血液主要是指：采集的血液本身不符合医学用血的标准，不能为患者起到输血、供血所应达到的治疗和救护效果；采集的血液本身是有害的，携带某种有害病菌，不仅不能达到医学用血的标准，而且输血后将有害病菌带给患者，使患者受到严重损害；血液提供机构所采集的血液本身是符合医疗用血要求的，但是在血液采集机构的加工、保管、运输、分装、储存等环节中，使采集的血液受到污染，变成不合格的血液。① 我国传染病防治法第二十三条规定，采供血机构、生物制品生产单位必须严格执行国家有关规定，保证血液、血液制品的质量，禁止非法采集血液或组织他人出卖血液。《艾滋病防治条例》第三十五条规定，血站、单采血浆站应当对采集的人体血液、血浆进行艾滋病检测；不得向医疗机构和血液制品生产单位供应未经艾滋病检测或者艾滋病检测呈阳性的人体血液、血浆。而输血过错所导致的医疗技术损害责任则主要源于医源性错误，轻者加重病情给患者增加痛苦，重者可危及生命。输血过错主要包括需不需要输血、输血前的准备、输血的迟延、血型判定错误、不良输血反应和输血采血技术过错等。输血采血技术错误主要指血管内注入空气。一般情况下，输血时要同型相输，血型判定错误会导致体内存在的抗体与输入的红细胞抗原相结合引起严重的输血反应。

案例 8 - 3：

血液损害责任纠纷案例

戚某某与安徽省宿州市立医院医疗损害赔偿纠纷二审民事判决书

上诉人（一审原告）：戚某某，男，1964 年 8 月 9 日出生，汉族，

---

① 杨立新. 医疗损害责任法 ［M］. 北京：法律出版社，2012：356.

居民。

被上诉人（一审被告）：安徽省宿州市立医院。

上诉人戚某某因与被上诉人安徽省宿州市立医院（以下简称宿州市立医院）医疗损害赔偿纠纷一案，不服安徽省宿州市埇桥区人民法院于 2013 年 9 月 10 日作出的〔2013〕宿埇民一初字第 01091 号民事判决，向本院提出上诉。本院于 2013 年 10 月 29 日受理后，依法由审判员魏鸿超担任审判长，与审判员黄冠金、王磊组成合议庭审理了本案。现已审理终结。

戚某某一审起诉称：戚某某于 2011 年 7 月 27 日因脑膜炎、右下肢静脉血栓入住宿州市立医院行肿瘤切除、下腔滤器植入术。在手术中，宿州市立医院分三次为戚某某输入血浆 200ml。2011 年 7 月 28 日，宿州市立医院检验报告单显示：戚某某的乙肝表明抗原、乙肝病毒抗体均为阴性，丙型肝炎抗体测定阴性。2011 年 12 月 21 日，戚某某因颅骨缺损再次入住宿州市立医院，病程中出现上腹不适、恶心、厌油症状，经肝功能检查显示：慢性丙型肝炎（活动期），予以保肝治疗。宿州市立医院在诊疗过程中存在明显过错，诊疗行为与戚某某感染丙肝存在直接的因果关系，应承担赔偿责任。戚某某一审请求判令赔偿医疗费 5348.75 元、误工费 4180 元、护理费 2872.80 元、营养费 760 元、住院伙食补助费 760 元、交通费 380 元，共计 14301.55 元。

宿州市立医院一审答辩称：宿州市立医院在对戚某某输血过程中按照程序操作，没有违反诊疗规范，不具有过错，戚某某感染丙肝与宿州市立医院的诊疗行为无因果关系，应驳回戚某某的诉讼请求。

一审法院查明：2011 年 7 月 27 日，戚某某因右下肢静脉血栓、脑膜瘤、糖尿病入住宿州市立医院治疗，行肿瘤切除术等，手术中给戚某某分三次各输入 200ml 血浆，戚某某于 2011 年 9 月 3 日出院。2011 年 12 月 21 日，戚某某因颅骨缺损入住宿州市立医院，经肝功能检查患有丙型肝炎。审理期间，戚某某申请对其在 2011 年 7 月 27 日至 2011 年 9 月 3 日住院期间，宿州市立医院的诊疗行为是否具有过错，该过错与其感染丙型肝炎是否具有因果关系进行司法鉴定。因戚某某对病历记录的输血来源与实际输入的血液存在异议，致使鉴定机构无法作出鉴定。

一审法院认为：戚某某因患有脑膜炎等疾病于 2011 年 7 月 27 日入住宿州市立医院治疗，治疗中输入血浆。2011 年 12 月 21 日，戚某某因颅骨缺失再次入住宿州市立医院治疗，住院期间经检查患有丙型肝炎。戚某某以此认为其患有的丙型肝炎系宿州市立医院于 2011 年 7 月 27 日至 2011 年 9 月 3 日间对其诊疗行为所致，要求宿州市立医院予以赔偿。戚某某的主张并无相关证据能够证明宿州市立医院的诊疗行为具有过错，其仅以取血时间在发血时间前几分钟为依据证据不足，而宿州市立医院所举证据能够证明其按照正常程序为戚某某输入检验合格的血液。故戚某某的诉讼请求，无事实依据，不予支持。一审依照《中华人民共和国民事诉讼法》第六十五条和《最高人民法院关于民事诉讼证据的若干规定》第二条之规定，判决：驳回戚某某的诉讼请求。一审案件受理费 160 元，由戚占伟负担。

戚某某不服一审判决，向本院提出上诉称：（1）宿州市立医院配血发血记录单载明取血时间早于配、发血时间，该院违反《临床输血技术规范》第十八条的规定，对于输入戚某某体内的血液未进行交叉配血试验，不能证明该血液是合格的血液，宿州市立医院对临床用血没有尽到全面有效的核查义务，导致戚某某感染丙肝；（2）戚某某经检查出患有丙型肝炎后，宿州市立医院未采取告知患者病情、邀请传染病科医师会诊等措施，未尽到医师职责，违反《中华人民共和国执业医师法》相关规定；（3）戚某某作为平诊患者入住宿州市立医院，主动与医师沟通，要求由亲属献血，但宿州市立医院违反《医疗机构临床用血管理办法》的规定，不仅未动员自体输血或亲友献血，且拒绝戚某某的要求，增加戚某某感染丙肝的风险。综上，戚某某二审请求撤销一审判决，依法改判。

宿州市立医院辩称：（1）宿州市立医院化验员严格按照《临床输血技术规范》的要求并使用安徽省卫生厅统一配发的管理系统进行配血、发血，后出具报告单，专职人员将血液送至手术室后，手术室护士按规定进行核对、签收，因不在同一科室，使用的非同一计时器，故填写时间存在误差；（2）戚某某于2011年7月27日入住宿州市立医院，并于当晚21时进行手术，从患者入院时间、手术时间等因素综合考虑，不具备亲友互助献血及自身输血的条件。综上，一审判决认定事实清楚，适用法律正确，应予维持。

二审中，戚某某对配发血记录单发表补充质证意见为：配血发血记录单显示配血发血由专门机构进行，临床医务人员取血送入手术室，中间没有其他环节，血站提供的血液合格，输入戚某某体内的血液不一定合格。

当事人二审所举证据与一审相同，其他质证意见同于一审，本院认证意见与一审一致。

经二审审理查明：对一审查明的事实，本院予以确认。

另查明：宿州市立医院配发血记录单载明"申请类型：常规治疗，姓名：戚某某，科名：脑外科，发血时间：2011年9月28日3时27分，配血时间：2011年9月28日3时27分，取血时间：2011年9月

28 日 3 时 20 分"。

本院认为：归纳当事人的举证、质证及诉辩意见，本案二审的争议焦点是：宿州市立医院应否对戚某某的损害后果承担赔偿责任。

从涉案配发血记录单系电脑打印件，载明的发血、配血时间均为电脑生成时间，取血时间为人工填写分析，只有配、发血完成，并由电脑生成记录单后，才会产生取血人员取血并在该记录单上记载取血时间的情形，即配、发血必然发生在取血之前，且配发血记录单上载明的其他信息均与戚某某的信息相吻合，故配发血记录单中配、发血晚于取血时间并非未经配血而取血，而是取血人员的计时器与电脑设置的时间存在误差造成，该误差并非宿州市立医院的诊疗过错行为，亦非导致戚某某感染丙肝的必要条件。宿州市立医院在为戚某某输血过程中，并未违反《临床输血技术规范》的有关规定，对于戚某某的损害后果不具有过错，戚某某不能提供有效证据证明宿州市立医院的诊疗行为与其感染丙肝具有因果关系，故宿州市立医院不应承担侵权赔偿责任。另戚某某上诉称宿州市立医院违反《中华人民共和国执业医师法》及《医疗机构临床用血管理办法》的规定，拒绝其亲友互助献血等情形，亦非导致戚某某感染丙肝的原因，故本院不予采纳。

综上，戚某某的上诉请求，缺乏事实及法律依据，本院予以驳回。一审判决认定事实清楚，适用法律正确，审判程序合法，本院予以维持。判决如下：

驳回上诉，维持原判。

第九章

医疗管理损害责任

医疗管理又被称为医政管理或医务管理。医疗管理损害责任，也是医疗损害责任的基本类型之一，是医疗机构及其医务人员违背医政管理规范和医政管理职责的要求，具有医疗管理过错，造成患者人身和财产损害的医疗损害责任。例如，医疗机构作为对外开放、公众可以到达的门诊住院等区域，都属于公共场所，医院的管理人员应当对其中的患者及其家属承担安全保障义务。医疗机构有固定的营业场所，患者尤其是需要住院治疗的患者的人身和财产在诊疗期间都置于医疗机构的经营场所之中，而且医疗机构的营业场所是针对不特定第三人开放的。所以，医疗机构作为一种公共场所的管理人，对患者、患者前来探访的亲友及其他人都负有人身和财产安全的保障义务。

医疗管理作为一门学科，在庞大的医疗卫生服务体系中，涉及医疗人力资源管理、医疗设备管理、安全设施管理、医疗设施管理、药品管理和病历管理等多个层面。例如，医疗机构应提供适当的卫生环境与设备等以减少院内感染。医疗器具存在漏电情形，应尽快修理。手术室应保证两路电供应，以备不时之需。药品管理的目的主要在于确保医疗所需药品能及时且准确地供应，确保药品的安全性、准确性、适用性和有效性。医疗机构一般都制定了自己的药品目录和使用手册。广义病历管理指医疗卫生信息管理，不仅指对病历物质性部分的机械性管理，还包括对病历内容的信息管理。这些信息不仅具有备忘的功能，还具有提供临床研究与临床流行病学研究之用，更是发生医疗纠纷时最好的诉讼证据。

一、医疗管理损害责任以管理过错为前提

构成医疗管理损害责任，医疗机构及其医务人员必须具备医疗管理过错。不同于医疗伦理损害责任和医疗产品损害责任，医疗管理损害责任适用过错责任原则，但过错性质为管理过错，而非医疗技术过错。医疗管理过错的评价标准为医疗机构的管理规范和管理职责。在诊疗活动中，须有医疗机构及其医务人员实施的违法行为。当然医务人员不仅包括医护人员，还包括与诊疗活动相关的其他人员。医疗管理过错的主观心理状态通常表现为疏忽或懈怠，有些医疗管理过错也可以表现为故意，如拒绝向患方提供病历资料等。

二、医疗管理损害责任需患者受到损害

患者受到损害是构成医疗管理损害责任的客观事实要件。患者在医疗管理损害责任中的损害事实比较宽泛，不仅包括生命权、健康权、身体权、知情权、隐私权，还包括亲权和所有权等。需要特别注意的是，身份权和身份利益也属于医疗管理损害责任的侵害客体。如抱错孩子等。

三、违反医疗管理规范和职责的行为与损害后果之间具有因果关系

医疗机构及其医务人员违反管理规范或者管理职责的违法行为，须与患者的损害事实之间具有引起与被引起的关系。如医疗机构有维护设备定期检修，避免产生因设备的缺失致人损害的义务。在管理上对于已经丧失意识的病人等，有责任善加照顾，防止他们从病床上或诊疗台上跌落。

案例 9 - 1：

医疗管理损害责任案例

姚某某诉芜湖市第四人民医院医疗损害责任纠纷一案

基本案情：

2010 年 7 月 19 日，原告姚某某的家人和被告芜湖四院联系，要求派医生上门接诊。次日，被告派三名工作人员上门接诊，在接诊过程中致原告姚某某左下肢上胫腓骨上 1/3 处粉碎性骨折。原告在芜湖四院对上述骨折进行了治疗并于 2010 年 9 月 30 日出院，医嘱：加强监护，医生指导下功能锻炼，定期复查、随诊。后原告因左胫骨骨折内固定钢板断裂、左小腿软组织感染等于 2010 年 10 月 21 日入住芜湖市第一人民医院住院治疗 33 日，医嘱：短期内不负重，防止再受伤骨折，门诊定期复查，坚持服药。经邢某某委托芜湖广济司法鉴定所对原告的伤残等

级作出评定，结论为：被鉴定人姚某某左下肢胫腓骨上 1/3 粉碎性骨折，遗有左下肢功能不全，伤残等级评定为 X（拾）级。在本案审理过程中被告申请对医疗过错、因果关系及参与度进行鉴定，经芜湖市中级人民法院委托，安徽阳光司法鉴定所对此进行了鉴定，结论为：被鉴定人姚某某左小腿胫腓骨上 1/3 粉碎性骨折系他人所为（医方），有明显过错，应负主要责任。参与度在 70% 左右。患方应负有次要责任，参与度在 30% 左右。该鉴定书材料分析说明中称，被鉴定人的骨折系外界巨大钝性暴力直接作用于小腿上 1/3 内前方所致，结合案情，经专家组讨论认为医方工作人员在接诊活动中，在判断和行为上出现失误，在姚洪英倒地的状态下，误踩到或跪压到姚的左小腿上 1/3 内前方，直接暴力导致原告胫腓骨上 1/3 粉碎性骨折，且外力作用表现巨大。

法院判决：

本院认为，公民的生命、健康权受法律保护。生命、健康遭受侵害的赔偿义务人应依法向赔偿权利人赔偿财产损失和精神损害。原告姚某某因精神疾病问题，由其家属联系被告上门"接诊"，并对"接诊"达成一致意见，双方间形成了医疗服务合同关系。被告应严格按照有关医疗管理的规定，认真履行其应尽的治疗职责，但其接诊工作人员在接诊过程中未尽到高度注意义务，采取措施不当，造成原告的身体受到损害。根据法律规定在合同行为与侵权行为发生竞合的情况下，当事人可以选择诉讼请求的案由，现原告选择侵权作为其诉讼的案由符合法律规定。被告主张原告腿部系自行摔伤所致，与司法鉴定书载明的客观事实不符，故对被告的辩解意见不予采纳。

案例 9 - 2：

医疗管理损害责任案例

李某某诉砀山县人民医院医疗损害责任纠纷一审民事判决书

原告：李某某，女，1951 年 3 月 3 日出生，汉族，农民，住安徽省砀山县。

被告：砀山县人民医院。

原告李某某与被告砀山县人民医院医疗损害责任纠纷一案，本院受理后，依法组成合议庭，于 2014 年 8 月 25 日公开开庭进行了审理。原告李某某的法定代理人陈某某及委托代理人陈儒英、杜法良，被告砀山县人民医院的委托代理人李夫永到庭参加了诉讼。诉讼过程中，砀山县人民医院于 2014 年 1 月 16 日向本院提出司法鉴定申请，本院委托华东政法大学司法鉴定中心对该病例进行鉴定，该鉴定中心于 2014 年 7 月 18 日作出司法鉴定意见。本案现已审理终结。

李某某诉称：2009 年 7 月 15 日，原告因左基底节脑出血从家急送砀山县第三人民医院抢救，当天下午转至砀山县人民医院重症监控室。由于砀山县人民医院明知故犯的过错行为，致原告丧失及时抢救治疗条件，呈植物人状态。原告虽转至徐州市中心医院、徐州市第一人民医院住院治疗，但均无好转。经安徽为民司法鉴定所鉴定，结论为一级伤残，完全护理依赖。由于被告砀山县人民医院拒不赔偿原告的损失，故诉至法院，要求被告赔偿原告残疾赔偿金、护理费、精神抚慰金、医疗费、护理辅助用品、鉴定费等损失计 1202980 元（变更诉讼请求后的数字）。

李某某为支持其诉讼请求提供证据并阐明了证明目的，砀山县人民医院质证意见：

（1）李某某身份证、户口本复印件，证明李某某诉讼主体适格。砀山县人民医院质证：无异议。

（2）安徽为民司法鉴定所司法鉴定意见书，证明李某某构成一级伤残，完全护理依赖。

（3）鉴定费发票，证明李某某支付鉴定费 2000 元。

（4）〔2012〕砀民一初字第 753 号民事裁定书，安徽省宿州市医学会关于李某某医疗事故技术鉴定的函，证明李某某起诉砀山县人民医院，因砀山县人民医院提交的资料无法判断李某某的损害原因，砀山县人民医院应承担举证不能的法律责任。

砀山县人民医院质证：对司法鉴定书真实性无异议，但该鉴定书分析意见说明中可知李某某鉴定时身体状况表现为昏迷状态，四肢肌肉严重萎缩，大小便失禁等严重后果；对鉴定费发票无异议，但应按责任比例负担；对撤诉裁定书无异议；对宿州市医学会关于李某某医疗事故技术鉴定函的真实性无异议，但不能鉴定的原因为手术至今已经两年多，李某某的身体状况发生很大变化，无法判断其现状与其两年前的手术有无直接因果关系，不能鉴定的责任不在砀山县人民医院，不能达到李某某的证明目的。

砀山县人民医院辩称：依据鉴定结论，被告对李某某的危重病情行"脑内血肿清除术"符合诊疗原则，在治疗过程中，仅存在病史记录欠完整等过失，该过失在李某某不良后果的发生上起到一定程度的不良作用，但作用轻微，因此，被告应在 10% 以内承担责任。李某某系 1951 年 3 月 3 日出生，其请求按照 20 年标准赔偿相关数额，明显不当，对护理期限，被告请求按照 5 年期限计算。鉴于被告系轻微责任，故李某某要求 80000 元的精神抚慰金不应支持。李某某治疗原发病期间发生的医疗费、住院伙食补助费、护理费、营养费等费用不应支持。双方发生的鉴定费依法按照责任比例承担。

砀山县人民医院提交的证据及证明目的，李某某的质证意见：

（1）砀山县人民医院职业许可证、机构代码证、法人身份证明，证明砀山县人民医院具有合法的主体资格。

（2）安徽省宿州市医学会关于李某某医疗事故技术鉴定函，证明不能鉴定是因为李某某的身体发生重大变化，无法回顾其术后情况，无法判断李某某的现状与其两年前的手术有无直接因果关系。

（3）华东政法大学司法鉴定中心司法鉴定意见书及鉴定费发票，证明李某某因患脑出血砀山县人民医院对其行"脑内血肿清除术"符合诊疗原则，李某某本次属于复发性脑出血，且出血量大。医院的过失对李某某不良后果存在一定程度的作用，但作用轻微，与李某某目前后果存在一定的因果关系，参与度为 10%—15%。鉴定费为10000 元。

李某某质证意见：对证据 1 资质证明的真实性无异议，但砀山县人民医院作为被告要提供医疗单位资质证明，也要提供手术医务人员的资质证明；对证据 2 无异议；对证据 3 华东政法大学司法鉴定意见书结论依据明显不足，该结论回避了手术时间是 16 号还是 17 号，原告在听证会上反复强调在手术中用了硝酸甘油，属于禁忌范围，但鉴定意见回避上述问题。要求重新鉴定。

经庭审举证、质证并结合当事人陈述，本院认证如下：

李某某提供的证据 1、2、3，具有客观性、合法性、关联性，本院予以认定；对证据 4 真实性，砀山县人民医院不持异议，本院对其真实性予以认定；但该证据不能证明不能鉴定的责任属于砀山县人民医院，故，本院对其证明目的不予认定。

砀山县人民医院提供的证据1、2的真实性，李某某不持异议，本院予以认定；对证据3，李某某认为华东政法大学司法鉴定意见书结论依据明显不足，要求重新鉴定。本院认为该鉴定意见鉴定程序合法，对鉴定过程进行了详细分析的说明；其依据的委托鉴定的材料真实、合法并经过双方当事人质证、听证；鉴定结论明确；因此，该司法鉴定意见具有客观性、合法性，与本案具有关联性，本院予以认定。

依据庭审举证、质证、认证及双方当事人陈述，本院查明事实如下：2009年7月15日凌晨，李某某出现意识障碍，推之不动，唤之不醒，小便失禁，被从家送至砀山县第三人民医院诊治，在该院查头颅CT显示左基底节区、外囊出血，该院给予降颅压、保护脑细胞、防止并发症对症治疗，症状未减轻，于当天晚上10时左右转至砀山县人民医院治疗，2009年7月16日砀山县人民医院颅脑CT显示：其左基底节区血肿，量约50ml，右侧基底节脑软化灶，入院诊断：左基底节脑出血，高血压病Ⅲ级。2009年7月16日在全麻下行左基底节脑出血开颅脑内血肿清除术，术后给脱水、抗炎、止血、脑细胞活血剂等对症治疗。2009年8月18日出院，出院时情况：一般情况可，基本生命体征稳定，要求转外院进一步康复治疗。李某某又先后转入徐州市中心人民医院住院治疗及徐州市第一人民医院住院治疗，目前，李某某呈植物人状态。李某某伤残程度及护理依赖程度经安徽为民司法鉴定所鉴定，意见为一级伤残，完全护理依赖。李某某亲属认为砀山县人民医院存在过错，要求赔偿，双方发生纠纷。诉讼过程中，砀山县人民医院于2014年1月16日向本院提出申请要求对"李某某的诊疗行为有无过错；如有过错，该过错与李某某目前后果有无因果关系，如有因果关系，该过错在李某某损害后果中的参与度是多少"进行鉴定。本院委托华东政法大学司法鉴定中心对该病例进行鉴定，其鉴定意见为：砀山县人民医院在李某某的诊疗过程中存在轻微过错，该过错与李某某目前后果之间存在一定的因果关系；医院过错参与度酌情为10%—15%。

另查明，李某某既往有高血压病史多年，距此次发病7—8年前曾有脑出血病史，本次发病属于在自身长期高血压基础上出现的复发性脑出血。2013年安徽省农村居民人均纯收入8098元，居民服务业在岗职工年平均工资为37074元。

本院认为：行为人因过错侵害他人民事权益的，应当承担侵权责任。患者在诊疗活动中受到损害，医疗机构及医务人员有过错的，由医疗机构承担赔偿责任。本案中，李某某因头晕一天伴意识障碍15小时于2009年7月15日晚10时左右入砀山县人民医院治疗，双方就此形成医患关系。根据华东政法大学司法鉴定中心的司法鉴定分析及鉴定意见并结合李某某住院病历，可以认定砀山县人民医院对李某某病情诊断明确，所患疾病具有手术指征，符合脑出血的相应诊疗原则，其目前后果符合自身疾病的自然转归。砀山县人民医院在对李某某的诊疗过程中，病史记录欠完整，会诊制度不完善，存在管理不到位等过失，对李某某不良后果的发生起到一定程度的不良作用，存在轻微过错，该过错与李某某目前后果之间存在一定的因果关系；医院过错参与度为10%—15%。本院结合本案实际情况将责任比例确定为15%。被告要求应在10%以内承担责任，没有依据，本院不予支持。

关于李某某的损失：护理费应根据护理人员的收入状况和护理人

数、护理期限确定。护理期限应计算至受害人恢复生活自理能力时止。受害人因残疾不能恢复生活自理能力的，可以根据其年龄、健康状况等因素确定合理的护理期限，结合本案李某某的实际情形，本院暂确定李某某护理期限为五年，其护理费为185370元（37074元/年×5年）。关于残疾赔偿金残，残疾赔偿金根据受害人丧失劳动能力程度或者伤残等级，按照受诉法院所在地上一年度城镇居民人均可支配收入或者农村居民人均纯收入标准，自定残之日起按二十年计算。但六十周岁以上的，年龄每增加一岁减少一年。本案李某某为农村居民，定残时已63周岁，残疾等级为一级伤残，其残疾赔偿金为137666元（8098元/年×17年×100%）。关于精神抚慰金，根据李某某伤残程度及被告的过错本院酌情支持精神损害抚慰金7500元。李某某申请安徽为民司法鉴定所进行鉴定，支付鉴定费2000元。综上，砀山县人民医院应赔偿李某某护理费、残疾赔偿金、鉴定费等损失325036元（185370元＋137666元＋2000元）的15%（精神抚慰金除外）为48755.4元，加之其应赔偿的精神抚慰金7500元。砀山县人民医院申请华东政法大学司法鉴定中心进行司法鉴定，支付鉴定费10000元，根据过错责任比例，由李某某负担8500元，该费用应在砀山县人民医院赔偿李某某款中扣除。李某某主张医疗费、护理辅助用品费用，因未提供相关证据证明，本院不予支持，待有证据后确与本病例有关可另案起诉。李某某超过五年后的护理费待实际发生后亦可另案起诉。诉讼过程中，李某某申请重新鉴定，因该鉴定意见鉴定程序合法，其依据的委托鉴定材料真实、合法并经过双方当事人质证、听证；鉴定结论明确；其申请依据不足，不符合《最高人民法院关于民事诉讼证据的若干规定》第二十七条的规定，本院不予准许。李某某超出实际赔偿部分的诉讼请求缺乏依据，本院不予支

持。判决如下:

砀山县人民医院于判决生效后 20 日内赔偿李某某护理费、残疾赔偿金、鉴定费等损失 48755.4 元,另支付李某某精神损害抚慰金 7500 元,共计 56255.4 元(履行时应扣除鉴定费 8500 元)。

第十章

医师非法胎儿性别鉴定和非法终止妊娠的法律风险

自 20 世纪 80 年代中期以来，我国出生人口男女性别比持续升高并呈蔓延之势，2000 年我国出生人口性别比达到 116.9：100，2004 年达到 119.9：100。到 2020 年，我国 20—45 岁男性将比女性多 300 万左右。出生人口性别比失调还将引发新的社会问题。[①] 2016 年，我国浙江省温州市警方破获了历史以来最大规模的"寄血验子案"，其中多达 5 万份孕妇血液样本从全国各地经过深圳再转至香港地区，参与此案的人员超过 300 人，涉案金额逾越 2 亿人民币。此种"寄血验子"的行为，严重地违法了我国非医学胎儿性别鉴定的有相关法律，对社会造成了较大的不良影响。

根据《禁止非医学需要的胎儿性别鉴定和选择性别人工终止妊娠的规定》第二条的界定，"非医学需要的胎儿性别鉴定是指除经医学诊断胎儿可能为伴性遗传病等需要进行胎儿性别鉴定以外，所进行的胎儿性别鉴定。"第九条第二款规定，"实施医学需要的胎儿性别鉴定，应

---

① 岳远雷. 关于非法鉴定胎儿性别的非犯罪化的刑法学思考 [J]. 中国卫生事业管理，2007（8）.

当由医疗卫生机构组织三名以上具有临床经验和医学遗传学知识，并具有副主任医师以上的专业技术职称的专家集体审核。经诊断，确需人工终止妊娠的，应当出具医学诊断报告，并由医疗卫生机构通报当地县级卫生计生行政部门。"

一、禁止非法胎儿性别鉴定的法律规定

1995 年 6 月 1 日起施行《中华人民共和国母婴保健法》第三十二条第二款规定，"严禁采用技术手段对胎儿进行性别鉴定，但医学上确有需要的除外。"第三十七条规定，"从事母婴保健工作的人员违反本法规定，出具有关虚假医学证明或者进行胎儿性别鉴定的，由医疗保健机构或者卫生行政部门根据情节给予行政处分；情节严重的，依法取消执业资格。"

《中华人民共和国母婴保健法实施办法》第四十二条规定，"违反本办法规定进行胎儿性别鉴定的，由卫生行政部门给予警告，责令停止违法行为；对医疗、保健机构直接负责的主管人员和其他直接责任人员，依法给予行政处分。进行胎儿性别鉴定两次以上的或者以营利为目的进行胎儿性别鉴定的，并由原发证机关撤销相应的母婴保健技术执业资格或者医师执业证书。"

《中华人民共和国人口与计划生育法》第三十五条规定，"严禁利用超声技术和其他技术手段进行非医学需要的胎儿性别鉴定；严禁非医学需要的选择性别的人工终止妊娠。"第三十六条规定，"违反本法规定，有下列行为之一的，由计划生育行政部门或者卫生行政部门依据职权责令改正，给予警告，没收违法所得；违法所得一万元以上的，处违

法所得二倍以上六倍以下的罚款；没有违法所得或者违法所得不足一万元的，处一万元以上三万元以下的罚款；情节严重的，由原发证机关吊销执业证书；构成犯罪的，依法追究刑事责任：……（二）利用超声技术和其他技术手段为他人进行非医学需要的胎儿性别鉴定或者选择性别的人工终止妊娠的。"

《禁止非医学需要的胎儿性别鉴定和选择性别人工终止妊娠的规定》第三条规定，"禁止任何单位或者个人实施非医学需要的胎儿性别鉴定。禁止任何单位或者个人介绍、组织孕妇实施非医学需要的胎儿性别鉴定。"

案例 10 - 1：

非法胎儿性别鉴定的行政法律风险案例

基本案情：

2016 年 7 月 1 日上午 11 时许，金山区卫生计生委接到上海市公安局金山分局某派出所的案件线索，反映河南籍姬某（男）经老乡刘某（男）介绍，涉嫌在上海市金山区某镇一民居内非法给孕妇汪某开展胎儿性别鉴定。当日，金山区卫生计生委执法人员赶到该派出所对案件展开调查。经调查核实，经刘某介绍，姬某于 2016 年 5 月底在上海市金山区某镇一民居房内利用便携式 B 超机为汪某实施了非医学需要的胎儿性别鉴定。2016 年 6 月 18 日，姬某在上海市嘉定区一民居房内利用便携式 B 超机第二次为其进行非医学需要的胎儿性别鉴定，姬某两次共收取了相关鉴定费用 400 元，并支付给刘某介绍费 200 元。另外，姬某称自 2015 年 3 月起，在未取得《医疗机构执业许可证》《医师资格证书》《医师执业证书》或其他行医证明的情况下，利用便携式 B 超机以流动行医的形式在上海市多个区域内为数名孕妇（不满 10 名）检查过胎儿胎位。

行政处罚：

金山区卫生计生委于 2016 年 7 月 1 日接到公安部门案件线索后即立案，通过在现场的调查核实及随后的合议讨论，认定姬某利用超声技术两次为孕妇汪某进行了非医学需要的胎儿性别鉴定，该行为违反了《中华人民共和国人口与计划生育法》第三十五条的规定，认定中间人"刘某"介绍孕妇实施非医学需要的胎儿性别鉴定，该行为违反了国家卫生计生委等三部门《禁止非医学需要的胎儿性别鉴定和选择性别人工终止妊娠的规定》第三条第二款的规定。依据《中华人民共和国人口与计划生育法》第三十六条第（二）项、国家卫生计生委等三部门《禁止非医学需要的胎儿性别鉴定和选择性别人工终止妊娠的规定》第二十三条的规定，对姬某作出"警告，没收违法所得 400 元，罚款 15000 元"的处罚决定，对刘某予以"警告"的行政处罚，并责令姬某、刘某立即改正违法行为。①

依据 2018 年安徽省卫计委公布的统计数据显示：因非法胎儿性别鉴定被处以吊销执业医师、执业助理医师资格的人员信息，第一季度分别为 1 人和 1 人；第二季度分别为 1 人和 3 人；第三季度分别为 16 人

---

① 范磊，蔡纪平，曾德才，等．一起非医学需要的胎儿性别鉴定案例的分析［J］．中国卫生法制，2017（2）．

和10人，共计32人。

二、医师非法终止妊娠的法律风险

依据我国《禁止非医学需要的胎儿性别鉴定和选择性别人工终止妊娠的规定》的规定，"选择性别人工终止妊娠是指除经医学诊断胎儿可能为伴性遗传病等需要进行选择性别人工终止妊娠以外，所进行选择性别人工终止妊娠行为。"

关于禁止非法终止妊娠有以下法律规定。

《中华人民共和国母婴保健法》第三十二条第一款规定，"医疗保健机构依照本法规定开展婚前医学检查、遗传病诊断、产前诊断以及施行结扎手术和终止妊娠手术的，必须符合国务院卫生行政部门规定的条件和技术标准，并经县级以上地方人民政府卫生行政部门许可。"

《中华人民共和国母婴保健法》第三十五条规定，"未取得国家颁发的有关合格证书的，有下列行为之一，县级以上地方人民政府卫生行政部门应当予以制止，并可以根据情节给予警告或者处以罚款：（一）从事婚前医学检查、遗传病诊断、产前诊断或者医学技术鉴定的；（二）施行终止妊娠手术的；（三）出具本法规定的有关医学证明的。上款第（三）项出具的有关医学证明无效。"

《中华人民共和国母婴保健法》第三十六条规定，"未取得国家颁发的有关合格证书，施行终止妊娠手术或者采取其他方法终止妊娠，致人死亡、残疾、丧失或者基本丧失劳动能力的，依照刑法第一百三十四条、第一百三十五条的规定追究刑事责任。"

《中华人民共和国母婴保健法实施办法》第四十二条规定，"违反本办法规定进行胎儿性别鉴定的，由卫生行政部门给予警告，责令停止违法行为；对医疗、保健机构直接负责的主管人员和其他直接责任人员，依法给予行政处分。进行胎儿性别鉴定两次以上的或者以营利为目的进行胎儿性别鉴定的，并由原发证机关撤销相应的母婴保健技术执业资格或者医师执业证书。"

《中华人民共和国母婴保健法实施办法》第四十条规定，"医疗、保健机构或者人员未取得母婴保健技术许可，擅自从事终止妊娠手术的，由卫生行政部门给予警告，责令停止违法行为，没收违法所得；违法所得5000元以上的，并处违法所得3倍以上5倍以下的罚款；没有违法所得或者违法所得不足5000元的，并处5000元以上2万元以下的罚款。"

《中华人民共和国人口与计划生育法》第三十五条规定，"严禁非医学需要的选择性别的人工终止妊娠。"

《中华人民共和国人口与计划生育法》第三十六条规定，"违反本法规定，有下列行为之一的，由计划生育行政部门或者卫生行政部门依据职权责令改正，给予警告，没收违法所得；违法所得一万元以上的，处违法所得二倍以上六倍以下的罚款；没有违法所得或者违法所得不足一万元的，处一万元以上三万元以下的罚款；情节严重的，由原发证机关吊销执业证书；构成犯罪的，依法追究刑事责任：……（二）利用超声技术和其他技术手段为他人进行非医学需要的胎儿性别鉴定或者选择性别的人工终止妊娠的。"

案例 10 - 2：

非法终止妊娠的法律风险案例

基本案情：

2011 年 6 月 6 日下午，深圳市宝安区卫生监督员对辖区内某某西医妇科诊所进行日常监督检查时，发现该诊所治疗室内有一个人流手术包，垃圾桶里有胚胎组织等医疗废物。进一步检查发现，在药房内发现处方一张，收费合计 1047 元，诊所负责人承认是于 2011 年 6 月 6 日上午 8 点 30 分在该诊所为患者进行了终止妊娠手术，共收取费用 1047 元。经核实，该诊所核准的诊疗科目为西医妇科，不能提供《母婴保健技术服务执业许可证》，卫生监督员制作了现场检查笔录并对现场发现的情况进行了拍照取证，初步认定该诊所存在未经许可擅自从事终止妊娠手术的违法事实，责令其停止违法行为。

行政处罚：

某某西医妇科诊所持有《医疗机构执业许可证》，但不能提供《母婴保健技术服务执业许可证》，诊所负责人的询问笔录承认开展终止妊娠手术的事实，经监督员合议，认定该诊所未经许可擅自从事终止妊娠手术的行为违反了《中华人民共和国母婴保健法》第三十二条第一款及《中华人民共和国母婴保健法实施办法》第三十五条第三款的规定，依据《中华人民共和国母婴保健法》第三十五条第（二）项及《中华人民共和国母婴保健法实施办法》第四十条的规定，卫生行政部门对该诊所作出如下行政处罚：（1）给予警告；（2）没收违法所得人民币 1047 元，罚款人民币 20000 元。

分析讨论：

本案既符合《医疗机构管理条例》中超范围经营的构成要件，也符合《中华人民共和国母婴保健法》中未取得母婴保健技术许可，擅自从事终止妊娠手术的构成要件，出现不同法律责任间存在冲突的情况。对于法律责任的竞合，一般来说，应按重者处之，如果相对较轻的法律责任已经被追究，再追究较重的法律责任应适当考虑折抵。而且根据法律适用的基本原则：上位法优于下位法、特别法优于普通法，本案中对该诊所从事终止妊娠手术的违法事实，《中华人民共和国母婴保健法》是上位法和特别法，而且罚款金额更重，故依据其进行处罚。①

---

① 丁灿华，魏杏华，陆碧茹. 一起非法终止妊娠手术案行政处罚的分析与探讨［J］. 中国卫生监督杂志，2013（1）.

第十一章

医疗机构出租、承包科室的法律风险

医疗机构出租承包诊疗科室是非法行医的一种特殊表现形式，常常伴随商业欺诈、过度治疗等不规范行医行为，是卫生监督部门关注的重点之一。随着打击非法行医专项行动的深入开展，一些不法机构采取的出租承包科室的形式花样翻新，承租主体不断变化，承租方式更加隐蔽，且涉及出租与承包双方的经济利益，主动取证较难，案件查办成功率一直处于较低水平。①

《医疗机构管理条例》第二十三条规定，《医疗机构执业许可证》不得伪造、涂改、出卖、转让、出借。

《医疗机构管理条例》第四十六条规定，违反本条例第二十三条规定，出卖、转让、出借《医疗机构执业许可证》的，由县级以上人民政府卫生行政部门没收非法所得，并可以处以 5000 元以下的罚款；情节严重的，吊销其《医疗机构执业许可证》。

原卫生部《关于对非法采供血液和单采血浆、非法行医专项整治

---

① 季力，刘洪，田明铭，等.一起医疗机构出租承包科室案例的分析与思考 [J].上海预防医学，2016（9）.

工作中有关法律适用问题的批复》（卫政法发〔2004〕224号）规定：

第一，有下列情形之一的，按照《医疗机构管理条例》的第四十四条规定予以处罚：（一）使用通过买卖、转让、租借等非法手段获取的《医疗机构执业许可证》开展诊疗活动的；（二）使用伪造、变造的《医疗机构执业许可证》开展诊疗活动的；（三）在未取得《医疗机构执业许可证》的药品经营机构开展诊疗活动的；（四）医疗机构未经批准在登记的执业地点以外开展诊疗活动的；（五）非本医疗机构人员或者其他机构承包、承租医疗机构科室或房屋并以该医疗机构名义开展诊疗活动的。

第二，医疗机构将科室或房屋承包、出租给非本医疗人员或者其他机构并以本医疗机构名义开展诊疗活动的，按照《医疗机构管理条例》第四十六条规定予以处罚。

案例 11 -1：

医疗机构出租、承包科室的法律责任

基本案情：

2011年7月25日，重庆市垫江县卫生监督所接群众举报，某卫生院对外承包科室开展结石诊疗活动，要求对其查处。卫生监督执法人员对某卫生院的结石科进行了现场检查，发现该科室共有房间2间，工作人员3人，该科谢某某、徐某某、瞿某某3人未取得执业医师或执业助理医师资格证且正在从事医疗活动，从门诊登记日志发现谢某某、徐某某、瞿某某3人从2011年3月9日至7月27日共收治病人163人次。

现场查获该科谢某某开出的处方 15 张、结石病人病历档案 1 本、碎石收费标准 1 张、收入月报表 1 张，门诊收入日报表 7 张，报表显示 2011 年 7 月 1 日至 7 月 26 日该科室现金收入 17330 元，扣除支出 4594.5 元，本月收入 12735.5 元，返还款 4250 元，另外的 8485.5 元作为病人介绍费给了介绍病人的医生。从 2011 年 7 月 1 日至 7 月 26 日，结石科向某卫生院支付 20000 元。查获药品热淋清片 15 盒，五淋化石胶囊 17 盒，前列舒乐片 13 盒，这些药品均不是医院采购的药品。该卫生院证实未对结石科人员谢某某、徐某某、瞿某某发放任何工资、福利，有工资发放表和职工花名册证实。某卫生院于 2011 年 2 月 23 日与深圳某医疗设备有限公司签定的 QH－2000 租赁协议 1 份，协议约定该卫生院每月支付深圳某医疗设备有限公司设备租金 1000 元，设备运行 3 个月后支付押金 10000 元。调查核实该卫生院财务账，该院没有支付租金押金给深圳某医疗设备有限公司。

行政处罚：

对该院聘用非卫生技术人员谢某某、徐某某、瞿某某 3 人从事医疗卫生技术工作的行为，根据《医疗机构管理条例》第四十六条、第二十三条规定，决定对该院进行行政处罚：（1）责令该院立即停止聘用谢某某、徐某某、瞿某某从事医疗服务活动；（2）处以人民币 3000 元的罚款。事后追踪调查，该院已将出租的房屋全部收回，谢某某、徐某某、瞿某某 3 人已离开该院。

分析讨论：

某卫生院将结石诊疗科室对外承包给非本医疗机构人员，虽然该院和结石科人员无具体的承包合同，只出具了一份医院租赁深圳某医疗设备有限公司设备和人员的协议，但经查明，该卫生院结石科工作人员谢某某等3人属深圳某医疗设备有限公司人员，不是该院人员；谢某某等3人利用该院科室和房屋并以该院的名义开展诊疗活动；结石科人员不受医院管理，财务、财物、经营风险是独立的。符合以下条件：（1）医疗机构将房屋或科室出租给非本医疗机构人员或其他机构；（2）医疗机构通过出租房屋、科室收取租金或变相收取租金；（3）承包科室经营的主体是非本医疗机构人员或其他机构；（4）承包方以出租方医疗机构的名义开展诊疗活动。因此可以认定为对外出租承包性质。①

---

① 李晓华. 一起医疗机构出租承包科室的法律适用探讨 ［J］. 中国卫生监督杂志，2012（3）.

参考文献

一、中文著作

[1] 黄丁全. 医事法 [M]. 北京：中国政法大学出版社，2003.

[2] 王锦帆，尹梅. 医患沟通 [M]. 北京：人民卫生出版社，2013.

[3] 朱柏松，等. 医疗过失举证责任之比较 [M]. 武汉：华中科技大学出版社，2010.

[4] 王才亮. 医疗事故与医患纠纷处理实务 [M]. 北京：法律出版社，2002.

[5] 菲利普·朗曼. 最好的医疗模式——公立医院改革的美国版解决方案 [M]. 李玲，徐进，译，北京：北京大学出版社，2011.

[6] 杨立新. 医疗损害责任法 [M]. 北京：法律出版社，2012.

[7] 赵敏. 医疗法律风险预防与处理 [M]. 杭州：浙江工商大学出版社，2012.

[8] 余明永. 医疗损害赔偿纠纷 [M]. 北京：法律出版社，2010.

[9] 陈一凡. 医患关系法律分析 [M]. 北京：人民法院出版社，

2013.

[10] 石旭雯. 医疗侵权责任的认定及类型化研究［M］. 北京：知识产权出版社，2017.

[11] 黄丁全. 医事法新论［M］. 北京：法律出版社，2013.

[12] 王延文. 医事法学［M］. 北京：人民卫生出版社，2018.

[13] 李启充. 美国医疗的光明与黑暗［M］. 徐蒙，译，北京：求真出版社，2012.

[14] 刘鑫. 医疗利益纠纷——现状、案例与对策［M］. 北京：中国人民公安大学出版社，2012.

[15] 龙敏. 风险社会下医疗安全的刑法保护［M］. 上海：上海人民出版社，2014.

[16] 菲利普·朗曼. 最好的医疗模式——公立医院改革的美国版解决方案［M］. 李玲，徐进，译，北京：北京大学出版社，2011.

[17] 方鹏骞. 中国医疗卫生事业发展报告2015——中国公立医院改革与发展专题［M］. 北京：人民出版社，2016.

[18] 杜治斌，许志伟. 医学伦理学辞典［M］. 郑州：郑州大学出版社，2003.

[19] 王利明. 侵权行为法研究（上卷）［M］. 北京：中国人民大学出版社，2004.

[20] 王岳，邓虹. 外国医事法研究［M］. 北京：法律出版社，2011.

[21] 植木哲. 医疗法律学［M］. 冷罗生、陶芸、江涛等译，北京：法律出版社2006.

[22] 刘鑫. 医事法学［M］. 2版. 北京：中国人民大学出版

社，2015.

　　［23］董春华．缺陷医疗器械侵权责任实证研究［M］．北京：法律出版社，2013.

二、期刊

　　［1］丁灿华，魏杏华，陆碧茹．一起非法终止妊娠手术案行政处罚的分析与探讨［J］．中国卫生监督杂志，2013（20）．

　　［2］郭明瑞．《侵权责任法》关于医疗损害责任的规定体现了社会公正［J］．法学论坛，2012（2）．

　　［3］杨立新．医疗损害责任一般条款的理解和适用［J］．法商研究，2012（5）．

　　［4］杨立新．当前审理医疗损害责任纠纷的难点和对策［J］．中国审判，2014.

　　［5］王琦，吕鹏．美国医疗损害责任体制改革的启示［J］．中国卫生法制，2010，18（1）．

　　［6］魏建，王峻峰．医疗损害责任制度的效率分析——以法经济学为视域［J］．法学杂志，2011（7）．

　　［7］杨彪．公共政策、医疗行为与责任配置——关于医疗损害责任制度绩效的观察和评论［J］．现代法学，2011，33（5）．

　　［8］张海燕．程序法视野下医疗损害责任立法之适用困境及应对［J］．甘肃社会科学，2012（6）．

　　［9］马宁．医疗损害责任的免除［J］．社会科学战线，2016（5）．

　　［10］刘志军．论医疗损害鉴定制度的改革［J］．河北工程大学学报（社会科学版），2011，28（2）．

　　［11］宁超，丁美超，等．45例医疗损害赔偿纠纷案例的情况分析

[J]．中国卫生法制，2015，23（3）．

[12] 石镁虹，章桦，等.553 例产科医疗纠纷分布特征及赔偿情况分析 [J]．实用妇产科杂志，2016，32（2）．

[13] 王露，姜小艳，等，广东省医疗损害责任案件实例研究 [J]．中国卫生法制，2016，24（3）．

[14] 张博源，赵龙，等．医务人员医疗损害责任制度认知状况的调查分析 [J]．中国卫生事业管理，2014（5）．

[15] 胡婷秀，赵衡文．长沙市基层医院医务人员对"《侵权责任法》医疗损害责任"相关情况的调查 [J]，现代医院，2013，13（10）．

[16] 张博源．影响医务人员认知医疗损害责任制度的立法技术因素分析 [J]．产业与科技论坛，2013，12（21）．

[17] 龚精诚．贵州省 2015—2017 年医疗纠纷案件调查 [J]．法制博览，2018.

[18] 张跃铭．医疗纠纷调查与预防解决机制的完善——以东莞市 13 家公立医院为例 [J]．中国卫生事业管理，2014（10）．

[19] 宋爽，曹逸涵，傅麒宁，等．中外医学生临床实习身份问题调查及对比分析 [J]．基础医学与临床，2019，39（1）．

[20] 魏宪东，周晓瑾，田鹏毅，等．一起由医疗纠纷引起的吊销《医疗机构执业许可证》行政处罚案例分析 [J]．中国卫生监督杂志，2013，（20）1.

[21] 丁一鹤．北大医院"非法行医"命案纠纷 [J]，检察风云，2010（13）．

[22] 刘峰，邓虹．院外会诊的民事法律责研究 [J]．医学与法

学，2012，4（5）.

[23] 谢宇，于亚敏，佘瑞芳等. 我国分级诊疗发展历程及政策演变研究 [J]. 中国医院管理，2017，37（3）.

[24] 王羽，卓小勤，贾培旗. 医疗机构诊疗科目管理制度 [J]. 中华医院管理杂志，1994，10（12）.

[25] 宋方芳，余瑛徐，丹红，等. 152 例医疗纠纷的调查分析 [J]. 中医药管理杂志，2013，21（11）.

[26] 褚建欣. 天津市 104 例医疗损害鉴定结论的调查与分析 [J]. 职业与健康，2016，32（11）.

[27] 慕媛，韩晨光. 某市 167 例法院受理医疗损害责任案例成因分析与防范 [J]. 解放军预防医学杂志，2017，35（4）.

[28] 石镁虹，章桦，程琴. 5012 例医疗损害纠纷的成因、分布及赔偿情况分析 [J]. 医学与法学，2015，7（6）.

[29] 蔡梓薇，何宁. 外科医疗损害事件分布特征分析 87 例 [J]. 继续医学教育，2018，32（11）.

[30] 郑玮. 医疗机构超范围诊疗在执法实践中的思考 [J]. 中国农村卫生事业管理，2012，32（1）.

[31] 白林，冯殿卿. 医疗机构超核准诊疗科目执业影响因素分析研究 [J]. 中国药物与临床，2013，13（12）.

[32] 李盘生，陈亮，陈卫平，等. 论非卫生技术人员的认定及其法律适用 [J]. 中国卫生监督杂志，2004，14（2）.

[33] 蒋步锦，李扬，睢胜勇，等. 关于执业医师超注册范围行医是否构成非法行医罪主体的探讨 [J]. 中国医疗管理科学，2017，7（1）.

[34] 刘虹. 论医疗差错 [J]. 医学与哲学（临床决策论坛版），

2008 (6).

[35] 岳远雷.关于非法鉴定胎儿性别的非犯罪化的刑法学思考 [J].中国卫生事业管理,2007 (8).

[36] 范磊,蔡纪平,曾德才,等.一起非医学需要的胎儿性别鉴定案例的分析 [J].中国卫生法制,2017,25 (2).

三、硕士、博士研究生论文

[1] 周博文.中国执业医师风险与风险保障调查 [D].北京:首都经济贸易大学,2018.

[2] 李圣杰.广州市公立医院医疗纠纷危机管理案例研究 [D].广州:电子科技大学,2013.

[3] 龙晔.湖南省 2008—2011 年二级以上医疗机构医疗纠纷分析和对策研究 [D].长沙:中南大学,2013.

[4] 郭笑.河南省医疗纠纷现况调查及处理模式研究 [D].郑州:郑州大学,2017.

[5] 王冠南.2010—2014 年某市医疗纠纷情况及对策研究 [D].济南:山东大学,2016.

四、网络资源

[1] 中国裁判文书网 [EB/OL].wenshu.court.gov.cn.